Publié pour la première fois aux États-Unis par Rockridge Press, une division de Callisto Media, Inc.
sous le titre *The Mindful Guide to the Law of Attraction*.

58, rue Jean Bleuzen – 92 178 VANVES CEDEX

Direction Hachette Pratique : Catherine Saunier-Talec
Responsable d'édition : Lisa Grall
Responsable de projet : Séverine Corson-Schneider
Responsable artistique : Cécilia Rehbinder
Réalisation couverture et réalisation du principe graphique : Nicole Dassonville
Traduction : Delphine Hurier-Michaud
Illustrations : Nicolas Galkowski
Réalisation intérieure : CGI
Correction : Margo Vitrac
Fabrication : Anne-Laure Soyez
Responsable communication : Johanna Rodrigue
Responsable partenariats : Dana Lichiardopol (dlichiardopol@hachette-livre.fr)

Dépôt légal : janvier 2021
87-0676-3/01
ISBN : 978-2-01-628384-4

Achevé d'imprimer en janvier 2021 par Unigraf en Espagne

Pour l'éditeur, le principe est d'utiliser des papiers composés de fibres naturelles, renouvelables,
recyclables et fabriqués à partir de bois issus de forêts qui adoptent un système d'aménagement durable.

En outre, l'éditeur attend de ses fournisseurs de papier qu'ils s'inscrivent dans une démarche
de certification environnementale reconnue.

PAPIER À BASE DE
FIBRES CERTIFIÉES

hachette PRATIQUE s'engage pour
l'environnement en réduisant
l'empreinte carbone de ses livres.
Celle de cet exemplaire est de :
700 gr éq. CO_2
Rendez-vous sur
www.hachette-durable.fr

PAIGE
OLDHAM

VOIES POSITIVES

LA LOI DE L'ATTRACTION

VISUALISATIONS CRÉATRICES POUR MANIFESTER SANTÉ, RICHESSE ET AMOUR

Le lotus & l'éléphant

AVANT-PROPOS

J'ai commencé mon parcours de développement personnel il y a plusieurs années. Rhonda Byrne venait de publier son livre, *Le Secret*, qui m'avait permis de découvrir la loi de l'attraction, un tout nouveau concept pour moi. Dans le même temps, la lecture d'ouvrages écrits par Jon Kabat-Zinn et d'autres auteurs m'a amenée aux pratiques puissantes de la pleine conscience, de la méditation et de la gratitude. La pratique quotidienne de la gratitude et de la méditation m'a aidée à comprendre le pouvoir du constat objectif – l'essence de la pleine conscience – pour transformer ma vie. J'ai observé les messages qui traversaient mon esprit et la façon dont ils affectaient mon humeur et mes actions pour créer ma réalité.

À travers mes formations en ligne sur la pleine conscience et les échanges avec des amis et des collègues, j'ai été sollicitée par d'autres personnes pour des conseils sur la santé, la carrière et les relations amoureuses. En associant les principes de la loi de l'attraction avec ceux de la pleine conscience, je pouvais leur permettre de changer leur façon de penser et de transformer la rengaine « ce que j'ai n'est pas ce que je veux » en une attitude d'abondance.

En très peu de temps, ils ont commencé à comprendre combien leurs croyances, leurs pensées et leurs schémas émotionnels pouvaient impacter leur vie de façon positive. En étant davantage dans la pleine conscience, ils pouvaient plus facilement identifier ce qu'ils désiraient et faire chaque jour des choix en adéquation avec leur vision d'un meilleur futur. La gratitude leur permettait de se concentrer sur le bien, qui est la clé pour attirer dans sa vie ce que l'on souhaite.

Le plus grand secret découvert au long de ce parcours est de comprendre que nous avons en nous le pouvoir de changer le cours des choses et de trouver un sentiment de paix intérieure. Mon objectif en écrivant ce livre est de vous donner les outils pour mettre en lumière ce qui est caché en vous pour que vous puissiez atteindre ce que vous désirez. Vous trouverez, dans cet ouvrage, de nombreuses méditations pour adopter définitivement cette pratique intérieure et finir par expérimenter de nouvelles réalités dans les domaines de la santé, de la richesse et de l'amour. Vous trouverez dans ces pages des moyens d'initier le changement de l'intérieur.

Pour commencer, le chapitre ***Santé*** (à partir de la page 49), vous aidera à donner votre propre définition d'une « meilleure santé » et à trouver comment l'atteindre en donnant du sens à votre vie. Ce chapitre rappelle qu'être en bonne santé repose en partie sur nos choix conscients et l'adoption, au quotidien, d'habitudes qui favorisent notre bien-être global.

Au travers des exercices et des méditations du chapitre ***Richesse et abondance*** (à partir de la page 81), vous commencerez par vous questionner sur ce que le succès signifie pour vous. Les définitions des autres ne pouvant pas nous satisfaire, cette partie permet de définir et d'identifier son propre chemin vers la sécurité et l'abondance.

Enfin, dans le chapitre ***Amour*** (à partir de la page 111), vous deviendrez plus intentionnel dans vos relations avec vous-même et avec ceux qui vous entourent. Vous apprendrez comment utiliser la pleine conscience et la méditation pour observer vos pensées, vos sentiments et vos attentes, et vous utiliserez ces outils pour vous guider vers des interactions plus bienveillantes et gratifiantes. Vous conjuguerez enfin ces trois parties pour exprimer une vie intérieure plus riche et une vie extérieure plus abondante.

SOMMAIRE

AVANT-PROPOS

ASSOCIEZ LA LOI DE L'ATTRACTION ET LA PLEINE CONSCIENCE

LES MÉDITATIONS

LA SANTÉ

RICHESSE ET ABONDANCE

L'AMOUR ET LES RELATIONS

LECTURES COMPLÉMENTAIRES

ASSOCIEZ LA LOI DE L'ATTRACTION ET LA PLEINE CONSCIENCE

La loi de l'attraction est une loi universelle qui relie la conscience au résultat. En d'autres termes, ce sur quoi nous choisissons de nous concentrer et ce que nous croyons finissent par devenir notre réalité. Vous avez probablement déjà entendu dire « Qui se ressemble s'assemble » ou « Où votre concentration va, votre énergie va ». Ces adages communs révèlent l'essence véritable de cette loi. En concentrant notre attention, nous influençons les réalités que nous expérimentons au quotidien.

La difficulté à laquelle la plupart d'entre nous doit faire face repose sur l'ignorance que nous avons de nos schémas de pensée et de nos habitudes, et la façon dont cela peut contribuer à des résultats indésirables. Tout se passe dans un état constant de création, ce qui constitue à la fois la beauté et le défi de la loi de l'attraction. Pour le meilleur et pour le pire, vous ne pouvez pas mettre vos pensées sur « pause ». La question suivante se pose alors : « Que ferez-vous en sachant que vos pensées sont toujours "actives" ? » La réponse est dans la citation de Wayne Dyer, qui est aussi le titre de l'un de ses livres de développement personnel : *Changez vos pensées, changez votre vie*.

Ceci nous amène au cœur de la relation qui existe entre la loi de l'attraction et la pleine conscience. Vous savez sans doute déjà que la pleine conscience est le processus qui repose sur l'observation de nos pensées et de nos émotions sans les juger. Cette conscience est à la portée de tous. Elle consiste, instant après instant, à savoir ce qui se passe à l'intérieur et tout autour de nous. Là, maintenant. Juste maintenant. Elle va souvent à l'encontre de nos schémas habituels à travers lesquels nous jugeons depuis toujours ce que nous voyons et expérimentons. La pleine conscience prépare en effet à la pause. Elle permet de témoigner objectivement de ce qui est, sans émettre une opinion ni désirer changer quoi que ce soit. C'est dans cette position de témoin que nous pouvons marquer une pause et faire des choix pour donner de l'énergie à nos pensées et à nos convictions.

La pratique de la pleine conscience permet de prendre connaissance des schémas de pensées éparses ou négatives. En observant ces habitudes, nous comprenons mieux la source de la vie que nous nous sommes créée. Que ce soit de façon consciente ou inconsciente, quotidienne ou instantanée, nous utilisons sans cesse notre esprit pour manifester de nouveaux résultats. La pleine conscience ouvre la voie à la mise en œuvre des changements nécessaires pour atteindre ce que nous désirons.

LES PRINCIPES FONDAMENTAUX DE LA LOI DE L'ATTRACTION

La publication du livre *Le Secret* par Rhonda Byrne, en 2006, a suscité un nouvel intérêt pour la loi de l'attraction. Cependant, les principes qui régissent celle-ci existaient déjà. Les gens ont toujours eu le pouvoir d'exprimer ce qu'ils souhaitaient dans leurs vies.
Comprendre ces notions centrales nous permet de dévoiler les secrets de la loi de l'attraction et de les utiliser pour créer une vie d'amour, de joie et d'abondance.

EXPLOITEZ VOTRE POUVOIR

Vous ne l'avez peut-être pas encore réalisé, mais vous avez utilisé toute votre vie la loi de l'attraction. Ce sur quoi vous avez concentré vos pensées, vos convictions et vos sentiments, est devenu la réalité que vous vivez aujourd'hui. Vous pourriez dire : « Mais ce n'est pas ce que je souhaitais ! » ou bien « C'était hors de mon contrôle ! »
La pleine conscience peut vous aider à examiner objectivement votre situation actuelle, afin d'identifier ce sur quoi vous vous êtes focalisé par le passé et qui a pu jouer un rôle dans la création de votre présent (un plongeon en profondeur dans ce que vous *pouvez* contrôler). Vous pouvez ensuite appliquer cette pratique à aujourd'hui, en examinant ce sur quoi vous vous concentrez actuellement pour comprendre quel sera votre futur. Les actions d'hier créent les évènements d'aujourd'hui. Les actions d'aujourd'hui créent votre futur. Même si vous vivez une vie des plus monotones, les mêmes principes s'appliquent et vos pensées façonnent votre réalité.

LES VIBRATIONS

Nous émettons tous des vibrations, parfois appelées « *vibes* ». Vous pouvez par exemple rencontrer quelqu'un et penser que vous avez de bonnes vibrations avec cette personne. Mais que sont exactement ces vibrations ? C'est de l'énergie. Tout dans l'univers est constitué d'énergie à un niveau subatomique. Les types d'énergie que nous émettons prennent leurs bases sur nos pensées et sur les énergies que nous encourageons en nous. En temps normal, nous n'y portons pas attention. Mais cette énergie est une force vitale présente en nous toute notre vie. D'ailleurs, certaines émotions peuvent instiller des vibrations et des modèles de pensées que nous ne désirons pas, tandis que d'autres peuvent faire exactement le contraire. En ressentant des vibrations avec quelqu'un, il est fort probable que nous aimions la façon dont cette personne pense, se perçoit et regarde le monde.

IDENTIFIEZ LES OPPOSITIONS

La plupart d'entre nous sait ce que nous ne voulons pas, sans pour autant savoir clairement ce que nous voulons. L'opposition est cette distance qui sépare les deux. Or, il est impératif d'être clair à propos de ce que nous voulons, pour pouvoir concentrer notre énergie et notre vision sur ce que nous souhaitons attirer. Alors, comment entamer ce processus ?
Commencez par observer quels types de pensées et d'activités provoquent en vous des émotions positives ou négatives. En pensant à ces différentes expériences, notez ce qui oppose vos émotions et votre état physique. Cette prise de conscience de vos pensées est essentielle pour définir ce que vous voulez ou ne voulez pas dans votre vie.

L'AMOUR ET LA PEUR

Au fond, toutes les émotions peuvent être réduites à l'amour ou à la peur. Les émotions d'amour sont celles qui créent un sentiment de détente et d'ouverture dans le corps : la joie, le bonheur, la satisfaction, le plaisir, la gratitude, l'espoir. Les émotions fondées sur la peur sont celles qui produisent des sentiments d'oppression, de souffrance et de fermeture dans le corps : la colère, le ressentiment, la jalousie, la peur, la tristesse et la culpabilité. Plus vous prenez conscience des pensées et des actions qui produisent de l'amour, plus il devient facile de vous engager dans ces idées et ces expériences.

AFFIRMATIONS : TRANSFORMEZ LES PENSÉES NÉGATIVES

Si des pensées négatives vous assaillent, il est possible de les changer en pensées ou en affirmations positives. Voici les clés pour effectuer cette transformation :

- Construisez une phrase affirmative courte et facile à mémoriser.
- Commencez l'affirmation par « Je » ou « Moi », afin de la personnaliser et de vous mettre en position d'acteur.
- Écrivez la phrase au temps présent.
- Évitez la négation et les termes négatifs tels que : « ne pas faire », « ne pas pouvoir ». Votre subconscient les ignore et se concentre sur la pensée qui suit la négation.
- Commencez l'affirmation avec des émotions positives. Par exemple : « Je suis tellement content et reconnaissant maintenant que… »

Affirmation négative	Pensée positive
Je ne fais rien de bon.	Je fais de mon mieux en toute chose.
Je suis vraiment stressé.	Je suis heureux d'avoir appris à utiliser la respiration profonde pour me calmer.
Pourquoi les mauvaises choses n'arrivent-elles qu'à moi ?	Je peux transformer mon interprétation de toutes les situations de façon positive.
Pourquoi est-ce que je dépense autant d'argent ?	Je deviens de plus en plus conscient de la façon dont je dépense l'argent.
Personne ne m'aimera jamais.	Je m'aime et je m'accepte tel que je suis.
J'aurais dû être mieux avisé.	J'ai fait les meilleurs choix pour moi-même d'après toutes les informations qui étaient à ma portée.

LE POUVOIR DES MOTS

Les mots que vous utilisez dans votre dialogue intérieur jouent un rôle puissant dans vos émotions et dans les vibrations que vous émettez. Le langage positif va permettre de modifier l'énergie vibratoire. C'est un outil vital pour changer le cours de votre expérience. Par exemple, des verbes au conditionnel tels que « aurait », « devrait » et « pourrait » ne devraient pas être utilisés (vous comprenez pourquoi ?). Tenez compte également du principe visant à ne plus utiliser la négation. En effet, en commençant une phrase par une forme négative, vous attirez l'énergie vers le négatif. Si quelqu'un

vous demande quel est le travail de vos rêves et que vous répondez : « Pas mon job actuel », votre subconscient va faire le lien entre « travail de vos rêves » et votre métier actuel, ce qui est à l'opposé de ce que vous voulez vraiment.
Essayez d'abandonner la négation et de vous focaliser sur un vocabulaire qui reflète et soutient ce que vous désirez réellement. Vous découvrirez plus tard que c'est souvent un exercice d'amour-propre et que « Je ne peux pas faire cela » devient « Je crois en mon pouvoir pour atteindre mes rêves ».

LES PRINCIPES UNIVERSELS

La loi de l'attraction est considérée comme faisant partie des douze principes universels. Les autres principes universels incluent, entre autres, la loi de l'unicité, la loi de l'énergie et la loi de la correspondance. Si chacune de ces lois a sa propre valeur, nous allons nous intéresser à la loi de l'attraction et ses pouvoirs phénoménaux pour apporter équilibre et harmonie dans vos vies.
En allant plus en profondeur, on découvre que la loi de l'attraction peut être examinée à la fois d'un point de vue spirituel et scientifique pour prouver son efficacité. En effet, la physique quantique a prouvé l'existence de la loi de l'attraction sur le plan quantique en révélant que l'acte fondamental qui consiste à observer la réalité permet de changer cette dernière. Ce qui semble solide et permanent à nos yeux vibre en réalité de façon autonome.

LE DÉSIR, L'ATTENTION ET LA PERMISSION

Le désir, l'attention et la permission sont trois éléments fondamentaux qui doivent être pris en compte pour matérialiser la loi de l'attraction. Il convient plus particulièrement de suivre ces étapes :
1. Identifiez ce que vous désirez de la façon la plus détaillée possible. Visualisez-le et ressentez ce que cela vous ferait de l'avoir déjà.
2. Concentrez votre attention positive sur le fait d'y parvenir. Cherchez les occasions vous permettant de vous rapprocher de vos désirs et agissez en conséquence.
3. Donnez-vous la permission de recevoir ce que vous désirez. C'est là que le langage négatif peut vous empêcher de signifier ce que vous voulez. Sachez que vous méritez de recevoir ce que vous désirez.

LA GRATITUDE

Exprimer de la gratitude pour ce que vous avez déjà envoie des vibrations positives qui permettent d'attirer davantage ce dont vous êtes reconnaissant. Ce sur quoi vous vous concentrez se développe. Les situations ne doivent pas nécessairement changer pour que vous ressentiez de la gratitude. Commencez là où vous en êtes et exprimez votre gratitude pour les choses les plus simples telles que l'eau potable, une douche chaude, un merveilleux coucher de soleil...
Si vous ne pouvez éprouver de la gratitude pour ce que vous avez, comment pourrez-vous être satisfait de la réalisation de vos désirs ? Par exemple, si vous n'êtes pas reconnaissant de l'argent que vous avez (peu importe la quantité), vous ne pourrez pas en attirer davantage. En commençant à éprouver de la gratitude pour tout ce qui compose votre vie, votre état général émotionnel évolue vers des sentiments de joie et de satisfaction, engendrant alors des vibrations positives et vous aidant à exprimer vos désirs.

AIMEZ-VOUS

Les meilleures vibrations positives proviennent de l'amour que vous vous portez et de l'acceptation de ce que vous êtes, sans ressentir le besoin de changer ou corriger quoi que ce soit. Au même titre que la gratitude, l'amour pour vous-même peut transformer votre état émotionnel. En vous aimant tel que vous êtes, vous ressentez que vous pouvez recevoir ce que vous désirez. Vous le méritez. Vous êtes parfait, tel que vous êtes.

INTÉGREZ LA PLEINE CONSCIENCE

La pleine conscience implique de ralentir suffisamment pour remarquer sans juger toutes les petites choses à l'intérieur et autour de vous. Si l'observation peut sembler simple et facile, observer sans réagir et modifier votre relation au jugement demandent de la pratique et une grande discipline.

En tant qu'êtres humains, il est naturel pour nous de juger. Juger, c'est raconter une histoire à propos de quelque chose ou de quelqu'un, pour que notre esprit conscient puisse le cataloguer et le ranger à sa place. Cela arrive presque automatiquement, sans que nous y portions une attention consciente. Nous jugeons les choses comme étant « bonnes », « mauvaises » ou « neutres ». Nous avons ensuite tendance à nous attacher à ce que nous décrétons « bon », car nous en voulons toujours plus. Si nous décidons de poursuivre un certain objectif, c'est parce que nous sentons que le résultat sera « bon », d'une manière ou l'autre.

Selon de nombreuses traditions anciennes, cette habitude d'étiqueter nos désirs ou de s'attacher à eux est source de souffrances. Ces enseignements ancestraux encouragent, au contraire, le non-attachement – ce qui ne signifie pas pour autant cesser de désirer. Cela implique juste de ne plus être assujetti (ou accro) au résultat. Prenons l'exemple d'une personne que vous poursuivez pour nouer une relation avec elle. Vous pensez que tel est votre objectif. Or, en vous rivant à ce but, vous souffrirez tant que vous n'aurez pas établi le contact espéré. Ne pas y parvenir sera source de contrariété.

En pratiquant le non-attachement, vous serez concentré sur ce qui se passe à chaque instant et non plus sur l'état d'avancement de votre projet. Vous prêterez plus attention aux bons moments que vous partagez avec l'autre personne. Vous remarquerez combien votre relation à vous-même s'est aussi améliorée. Si vous parvenez à créer le lien tant espéré, vous le vivrez alors comme une continuité naturelle des merveilleux moments partagés chaque jour. Et si les choses n'évoluent pas comme vous le souhaitiez, vous serez reconnaissant pour les merveilleux moments déjà partagés et pour l'épanouissement personnel que vous aurez gagné dans cette histoire. Vous continuerez à aller de l'avant. Dans le domaine du non-attachement, il y a très peu de souffrances.

L'un des bénéfices de la pleine conscience est de pouvoir visualiser votre désir sans porter aucun jugement. Cela permet de comprendre la source de votre désir et d'envisager les différentes façons de le combler. Dans le cadre de la loi de l'attraction, la pleine conscience peut vous aider à identifier ce sur quoi vous vous concentrez et à comprendre pourquoi vous attirez ce que vous attirez. Elle contribue à renforcer la perception de vos pensées – et ainsi à faire une pause (ou ralentir) – et à opérer des choix différents en fonction de celles-ci. Les points qui suivent illustrent les principes fondamentaux de la pleine conscience qui guideront les exercices proposés dans le livre.

SOYEZ PLEINEMENT PRÉSENT

L'expression « être présent » est fréquemment utilisée pour parler de la pleine conscience, mais que signifie-t-elle concrètement ? Il s'agit d'être suffisamment calme dans son esprit et dans son corps pour pouvoir considérer exactement ce qui se produit dans l'instant, sans porter aucun jugement. Aucune vision du passé ou de l'avenir ne traverse votre esprit. Rien ne vient distraire votre attention qui se fixe sur la chose ou la personne avec qui vous êtes présent dans l'instant. Vous êtes tout simplement là, vous respirez et vous observez ce qui arrive. Vous lâchez prise.
À quoi cela ressemble-t-il dans la réalité quotidienne ? Disons que vous avez eu une journée stressante et qu'un proche veut vous parler d'un sujet important. Ne pas être totalement présent reviendrait alors à passer votre temps à regarder votre téléphone, à penser aux futurs résultats négatifs, à vous inquiéter pour un mail que vous avez envoyé ou à avoir une faim de loup… pendant que vous « écoutez » votre interlocuteur.
Être présent consisterait à demander à cette personne de revenir après le déjeuner, à éteindre votre téléphone ou à le mettre hors de votre vue et à oublier, pour l'instant, vos soucis de bureau. Avant la conversation, vous pourriez respirer profondément pour vider votre esprit et vous dire calmement : « Sois présent dans l'instant. » Imaginez comment vous vous sentiriez si vous étiez la personne qui vient vous demander conseil. Préféreriez-vous avoir affaire à un ami distrait ou totalement présent ?

FINISSEZ-EN AVEC LE JUGEMENT

La pulsion qui consiste à juger les gens, les situations et nous-mêmes, peut être très puissante. Toutefois, en basculant du jugement à l'observation, nous pouvons devenir plus conscients de ce qui a mené à ce jugement. Par exemple, si vous vous disputez avec la personne que vous aimez, vous pouvez commencer par porter des jugements sur ce qu'elle a pu faire ou dire, et finir par imaginer un vrai scénario ! Le jugement et les histoires que l'on se raconte entravent ce qui se passe réellement à l'instant présent. Lorsque vous en finissez avec cette attitude et que vous observez objectivement les autres et vous-même, vous ouvrez la voie à une compréhension plus profonde et à une paix intérieure et extérieure.

TROUVEZ L'ÉQUANIMITÉ

Tout ceci nous mène à l'équanimité, c'est-à-dire la quiétude mentale, le sentiment d'équilibre et de sérénité malgré la pression. C'est une forme de non-attachement et l'essence de la pleine conscience. Quelle que soit la situation, vous avez la force intérieure, la sagesse, l'intégrité, la patience et la maîtrise pour la gérer. Cette stabilité intérieure n'est perturbée ni par votre environnement, ni par vos émotions, ni par votre souffrance. Vous ne prenez rien de manière personnelle parce que vous savez que tout le monde doit faire face à ses propres défis. Cela ne vient pas de vous.

L'équanimité implique de ne pas laisser vos émotions prendre le dessus et d'affronter l'hostilité des autres avec compassion et détachement. L'équanimité, c'est savoir que ce n'est jamais « nous contre les autres », mais que nous traversons tous cette vie ensemble.

ADOPTEZ L'ESPRIT DU DÉBUTANT

Observer objectivement consiste en partie à envisager les circonstances avec un « esprit de débutant », comme si vous ne les aviez jamais rencontrées auparavant. Ne considéreriez-vous pas les gens ou les choses différemment si vous n'aviez jamais émis aucun jugement, ni imaginé aucune histoire à leur propos ? L'esprit du débutant vous permet d'être libre de regarder d'un œil neuf ce qui est devant vous. En abandonnant toute notion préconçue sur le mode de fonctionnement des choses ou les résultats à venir, vous vous ouvrez à de nouvelles possibilités. Au lieu de vous sentir frustré quand quelqu'un ne se comporte pas comme vous le souhaitiez ou comme vous l'aviez prévu, considérez cette personne avec l'esprit du débutant. Dites-vous qu'elle est humaine, comme vous, et qu'elle essaie à sa façon d'être heureuse. Cherchez à comprendre ce que vous pouvez apprendre d'elle.

Ressentez de la compassion à son égard. Éprouvez de la gratitude pour ce qu'elle a accompli.

LE NON-EFFORT

On peut résumer la notion du « non-effort » par : « Ce n'est pas la destination qui compte, mais toujours le chemin parcouru. » En effet, il est beaucoup plus facile d'atteindre la paix en étant concentré de manière objective sur l'ici et maintenant et pas uniquement là où nous portons nos efforts (cette « chose » qui, d'après nous, nous rendra heureux, alors que c'est rarement le cas). L'effort nous centre sur ce que nous n'avons pas et sur le futur. Il crée des œillères qui nous empêchent de voir la beauté du moment présent et de nous accepter tels que nous sommes. Vivre une vie sans effort ne revient pas à abandonner ses espoirs et ses rêves. Au contraire, ne rien attendre, nous permet d'apprécier le présent en nous guidant de façon très claire vers ce que nous souhaitons atteindre.

PRATIQUEZ L'ACCEPTATION

L'acceptation consiste à trouver la paix en reconnaissant les choses telles qu'elles sont. Elle est intimement liée à la conscience. Comment pouvons-nous accepter la situation actuelle si nous ne sommes pas conscients de l'abondance qu'elle recèle déjà ? Le contraire de l'acceptation est la résistance. Au lieu de vous lamenter à propos de la façon dont les choses « devraient » être, essayez de vous questionner comment vous pourriez vous immerger dans l'instant présent.
Lorsque vous commencez à identifier des sentiments tels que l'anxiété, la frustration et la colère, réalisez que vous avez le choix de la réponse (aussi bien intérieurement qu'envers ceux qui vous entourent). L'acceptation n'est pas synonyme d'apathie, de naïveté ou de faux espoirs. Elle implique au contraire d'abandonner la résistance et de s'ouvrir à toutes les éventualités. Cela revient à dire : « Bon, ainsi sont les choses. Maintenant, que puis-je faire à partir de ce constat et quelle gratitude puis-je tirer de cette démarche ? »

LE CERVEAU CONSCIENT

La science moderne s'est principalement axée sur ce qui pouvait être mesuré. Or, la physique quantique n'a pu identifier et quantifier certains phénomènes que très récemment. Des notions telles que les vibrations et les champs énergétiques semblaient totalement extravagantes avant d'avoir pu être étudiées en laboratoire – ce qui a mené à de récentes évolutions dans la guérison esprit-corps. Des scientifiques tels que John Wheeler, qui était un collaborateur d'Albert Einstein et de Niels Bohr, ont consacré leur vie à la recherche pour prouver à travers la physique et la mécanique quantiques que nos observations (le fait que nous observions quelque chose) influencent fondamentalement ce que nous observons. L'action d'observer une chose la transforme (et nous transforme), puisque nous sommes inextricablement liés. La science rattrape ainsi ce que les sagesses traditionnelles savent depuis des millénaires.

UN PROCESSUS DE GUÉRISON À REPENSER

De nombreux médecins tels que le célèbre docteur Deepak Chopra ont commencé leur carrière avec une formation médicale occidentale qui considère le corps humain comme un regroupement d'organes distincts et indépendants. Au cours de leur pratique, ils ont toutefois observé des guérisons inexplicables qui ne répondaient pas aux règles qui leur avaient été enseignées. Cela les a menés à une médecine esprit-corps qui fait le lien entre ce qui se passe dans l'esprit et dans le corps et qui considère le tout comme une seule et même entité.
Dans son livre *Molecules of emotion* (« Les Molécules de l'émotion », non traduit en français), le docteur Candace Pert, professeur de recherche dans le département de physiologie et de biophysique du centre médical universitaire de Georgetown, écrit : « Les substances chimiques à l'intérieur de nos corps forment un réseau dynamique d'informations reliant l'esprit et le corps. » Dans ce livre devenu fondamental, elle explique les bases biomoléculaires de nos émotions et la façon dont elles créent la connexion esprit-corps. Le travail de Candace Pert et de ses collègues a démontré qu'une variété de protéines, connues sous le nom de « peptides » (parmi lesquels les endorphines), comptent parmi les « substances d'information » clés dans le corps et que chacune d'elles peut simultanément affecter notre esprit, nos émotions, notre système immunitaire, notre digestion et d'autres fonctions corporelles.

Le docteur Bruce Lipton, biologiste spécialisé dans les cellules souches, professeur à l'école de médecine de l'université du Wisconsin et chercheur à l'université de Stanford, a écrit des livres tels que *La Biologie des croyances* qui ont mis en lumière les effets biochimiques du fonctionnement du cerveau et la façon dont nos pensées affectent toutes les cellules de notre corps. Il est à l'origine du concept de l'épigénétique selon lequel « nos gènes et notre ADN ne contrôlent pas notre fonctionnement biologique ; [mais] au contraire, l'ADN est contrôlé par des signaux extérieurs à la cellule, y compris les messages énergétiques émanant de nos pensées positives ou négatives ».

Le docteur Srini Pillay, professeur adjoint en psychiatrie à l'école de médecine de l'université de Harvard, a découvert aux cours de multiples recherches sur le mal de dos que l'état physiologique du dos d'une personne avait peu d'influence sur les degrés de douleur que les gens pouvaient ressentir. Au cours d'une étude, il a découvert que certaines personnes souffrant de scoliose ou d'un mauvais alignement de la colonne vertébrale ne ressentaient presque aucune douleur (voire aucune pour certaines), alors que d'autres ayant des dos apparemment « en bonne santé » éprouvaient des douleurs intenses. Il en a conclu que le fait de « changer son état d'esprit et la biologie de son cerveau peut aider le cerveau – et diminuer la douleur ».

Bien que nous n'en soyons qu'aux prémices de la recherche esprit-corps en laboratoire, l'on commence à voir le lien scientifique entre nos pensées et notre état physique. Les gens qui utilisent leurs pensées pour se soulager d'une douleur chronique ou de nombreuses autres affections (souvent incurables) suivent ces principes.

L'ESPRIT DU MOINE

Pour mieux comprendre le rôle d'une pratique de la méditation sur le long terme, des scientifiques tels que le docteur Zoran Josipovic, chercheur et professeur adjoint à l'université de New York, ont commencé à étudier les cerveaux des moines bouddhistes. Depuis 2008, Josipovic a utilisé l'imagerie par résonnance magnétique fonctionnelle (IRMf) pour observer les moines pendant la méditation. Ses découvertes nous enseignent beaucoup sur l'impact de la méditation au plan physiologique.

En 2011, le docteur Josipovic a déclaré à la BBC que la « recherche sur la méditation, en particulier au cours des dix dernières années, s'est avérée très prometteuse, car elle met en évidence une capacité du cerveau à changer et à optimiser d'une façon jusqu'ici jugée impossible ». Ce concept, connu sous le nom de « plasticité cérébrale », affirme que notre cerveau peut se développer et se reconnecter en réponse à de nouveaux enseignements ou de nouvelles expériences. L'IRMf a également révélé que les moines étaient généralement davantage concentrés et pouvaient équilibrer les régions extrinsèques (concentrées sur l'extérieur) et intrinsèques (concentrées sur l'intérieur) de leur cerveau, ce qui amène un sentiment accru d'« unicité » avec leur environnement.

LES BIENFAITS DE LA MÉDITATION

Même si la méditation apporte un bénéfice immédiat, son véritable impact sur la santé mentale et physique augmente avec le temps, grâce à une pratique régulière. De nombreuses recherches ont prouvé qu'elle peut nous aider dans différents domaines.

♦ **L'amélioration de la santé émotionnelle**
Les personnes qui méditent montrent des changements d'activité dans les zones du cerveau associées à la pensée positive et à l'optimisme, avec pour conséquence avérée la baisse du taux de substances chimiques inflammatoires qui sont libérées en réponse au stress. D'autres études prouvent une baisse globale de la dépression avec une pratique régulière.

♦ **La réduction du stress**
Diverses études ont prouvé que la méditation réduit non seulement de façon générale les niveaux de stress, mais qu'elle peut également – en créant un schéma neuronal – en favoriser la baisse tout en diminuant l'inflammation qu'il engendre. Contraindre l'esprit à ne plus se focaliser sur des situations stressantes mais plutôt sur la respiration, un scan (appelé également « balayage ») corporel ou un mantra, permettent au cerveau d'être intérieurement plus concentré et calme.

♦ **L'augmentation de la capacité de concentration**
Il a été prouvé que la méditation qui fixe toute l'attention sur un seul point – tel que la respiration, une bougie ou un mantra – renforce et augmente la capacité de concentration.

♦ **L'amélioration du sommeil**
La méditation peut aider à relaxer le corps et l'esprit, en faisant entrer dans un état plus paisible favorisant un endormissement plus rapide et un sommeil plus long.

Elle participe également à une meilleure gestion des pensées incessantes et des ruminations qui causent l'insomnie.

♦ **L'aide au contrôle de la douleur**
De récentes études d'IRMf démontrent que, chez les personnes qui méditent, les zones du cerveau qui contrôlent la douleur ont une activité accrue, ce qui entraîne une sensibilité moindre à la douleur. Selon le docteur Fadel Zeican, directeur associé au Centre de la pleine conscience de l'université de San Diego, la méditation permet de traiter la douleur chronique en changeant la perception de la douleur chez la personne qui médite.

♦ **La diminution des envies irrépressibles et des addictions**
La méditation peut améliorer la connaissance de soi et la prise de conscience des facteurs déclenchants de ces comportements, pour faire ensuite des choix plus sains.

♦ **L'abaissement de la tension artérielle**
En réduisant les niveaux de stress, la méditation peut impacter de façon positive la circulation sanguine et, par conséquent, la pression artérielle.

LA MÉDITATION ET LES CROYANCES LIMITANTES

Nous transportons tous avec nous notre lot de croyances, la plupart acquises quand nous étions de jeunes enfants – et, donc, des toiles vierges attendant d'être peintes. Selon nos conditions de vie et les croyances de ceux qui nous entourent, nous avons pu adopter des croyances favorables ou défavorables. En dépit des coups de pinceau sur cette toile, nos croyances façonnent notre vision du monde et notre réalité.

Notre esprit est constamment en quête de confirmation de nos croyances – un phénomène également connu sous le nom de « biais de confirmation ». Toutefois, lorsque nous cherchons des informations pour renforcer ce que nous croyons déjà, nous nous fermons à de nouvelles perspectives et expériences. Alors que se passe-t-il lorsque nous examinons et décortiquons les origines de nos croyances ?

Bien qu'une seule version de la vérité ou de la réalité semble exister, chaque individu en crée d'infinies interprétations au travers de ses expériences. Essayons de voir de plus près la « vérité » qui se cache derrière ces croyances.

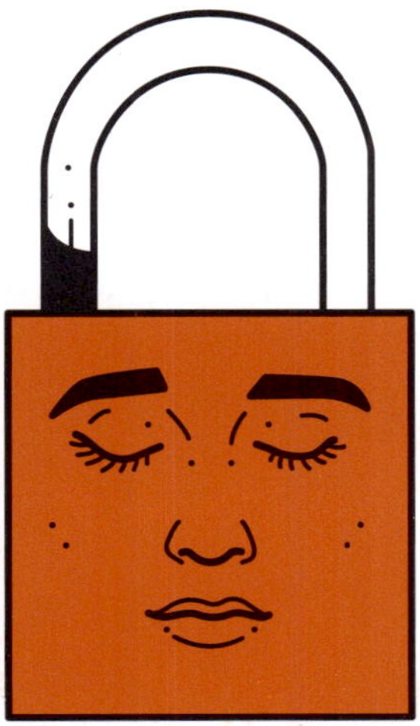

QU'EST-CE QU'UNE CROYANCE ?

Les croyances sont constituées d'un ensemble d'idées, de points de vue et d'opinions que vous soutenez et auquel vous vous attachez. Elles dictent vos pensées, vos sentiments et, enfin, vos actions qui engendrent ce que vous expérimentez au cours de votre vie. Elles filtrent votre façon de voir les choses et de réagir. Ce sont les seules lunettes au travers desquelles vous pouvez regarder le monde. Personne d'autre ne peut voir comme vous à travers elles. Vos croyances dictent la qualité de votre vie.

Cependant, les croyances ont différentes valeurs. Qu'est-ce que cela signifie ? Elles peuvent être sans limites ou limitantes. Les croyances sans limites favorisent la croissance personnelle et les nouvelles connaissances. Un esprit de débutant a une vision du monde sans limites et sans aucune notion préconçue. Tout est possible. Les croyances limitantes laissent penser qu'il n'existe qu'un seul chemin prédéfini et certain. Elles confinent la croissance personnelle dans des voies étroites, favorisant la stagnation, la résistance et la négativité.

Les croyances limitantes dictent ce que nous allons nous autoriser (ou pas) à faire ou à devenir. Ce sont les œillères que nous portons lorsque nous considérons ce qui est possible pour nous et elles représentent souvent les pires obstacles que nous rencontrions dans notre vie.

LA MÉDITATION POUR DÉPASSER LES CROYANCES LIMITANTES

Les croyances limitantes ont une force puissante dans notre subconscient. Or, la méditation, touchant les aspects de notre esprit qui soutiennent ces croyances négatives, peut aider à les transformer en croyances positives sans limites.
Lorsque nous méditons, nous créons un espace de calme dans notre esprit. Nous avons alors une occasion propice à abandonner toutes les pensées auxquelles nous sommes attachés, parmi lesquelles nos croyances. Nous commençons à mettre de la distance entre « nous » et nos pensées. Imaginons que nous sommes assis sur le bord d'une rivière et que nous voyons passer nos pensées, comme des bateaux sur l'eau. Elles vont et viennent comme bon leur semble, et nous restons assis à les regarder.
En nous séparant de nos pensées et de nos croyances, nous pouvons les examiner de façon objective et nous interroger sur leur utilité : par exemple, ces croyances héritées de nos parents lorsque nous étions jeunes sont-elles toujours représentatives de ce que nous choisirions librement aujourd'hui pour nous-mêmes, si nous étions à nouveau une toile vierge.
Il devient possible d'utiliser cet espace créé par la méditation pour adopter sciemment des croyances positives qui nous aident à atteindre notre plein potentiel, et de poser l'intention de nourrir et de vivre avec des pensées et des actions qui favorisent notre croissance personnelle. Avec le temps, nous pouvons introduire de nouvelles croyances en remplacement des croyances limitantes.

FIXER UN OBJECTIF : CONFIANCE ET CROYANCE

Se fixer des objectifs peut représenter un véritable défi, lorsque les croyances limitantes murmurent doucement à votre oreille que vous n'êtes pas capable de les atteindre. Même si votre esprit logique vous dit que vous devriez y parvenir, votre subconscient dirige vos pensées, vos sentiments et vos actions, et vous pousse à vous remettre en question.

Dans ce cas, vous ne prendrez probablement pas les mesures vous permettant d'y parvenir. En approchant du but, en étant persuadé que vous êtes indigne du résultat désiré, vous vous autosabotez. Les croyances limitantes sèment un désespoir qui empêche le progrès.

Utiliser la méditation pour créer de la distance avec ses croyances limitantes permet d'examiner plus facilement et plus objectivement les raisons profondes de ne pas atteindre vos objectifs. Ensuite, vous pouvez décider quelles croyances vous devez changer et adopter les croyances positives qui vous soutiendront. Ces nouvelles croyances à votre propos vous apporteront également la confiance nécessaire pour passer à l'action. Sans la pleine conscience de vos pensées, il n'y a pas d'espace pour choisir les croyances qui participeront à votre croissance personnelle et à votre évolution.

PROFITEZ AU MAXIMUM DE VOTRE TEMPS

L'objectif de ce livre est de vous montrer comment mettre en lumière ce qui a été caché en vous, pour que vous viviez une vie d'abondance. Cependant, cela n'arrive pas d'un jour à l'autre. Changer une programmation mentale, physique et sociale, ainsi que des habitudes négatives qui perdurent depuis des décennies, demande du temps et une pratique régulière – et les résultats ne sont pas garantis. Comme pour toute discipline, vous récolterez ce que vous aurez semé. Même si un délai est nécessaire avant de remarquer les changements, il se peut que vous ressentiez immédiatement des évolutions positives. S'adonner à une pratique en pleine conscience engendre sa propre énergie et des récompenses. Certaines se ressentent plus vite que d'autres.

LES BASES DE LA PRATIQUE

▼ Définir un moment et un lieu constants pour méditer

Pour la mise en place de toute pratique, il est important de créer un rituel et de réserver un endroit et un moment spécifiques pour s'y adonner. Pour certains, ce pourra être en tout début de matinée, dans un coin d'une pièce avec un coussin de méditation. Pour d'autres, assis sur le lit avant de se coucher. Choisissez ceux qui vous aident dans votre pratique et sur lesquels vous pourrez compter chaque jour.

▼ Il n'y a pas de « bonne » façon de méditer

Aucune formule magique n'existe pour méditer parfaitement. Le but de la méditation n'est pas de vider votre esprit de toutes vos pensées mais, au contraire, d'en prendre pleinement conscience et de les laisser passer sans vous attacher à elles. Par exemple, il est possible de vous gratter ou de bouger si vous vous sentez mal à l'aise ! Vous pouvez vous asseoir sur une chaise, sur votre lit ou à même le sol – n'importe où, à l'intérieur ou à l'extérieur de votre maison – du moment que votre concentration est rendue possible. Choisissez le plus confortable pour vous, afin de maintenir votre attention.

▼ Chaque jour est nouveau et différent

Oubliez vos attentes sur ce que la méditation est censée être ou faire. Chaque jour sera différent. Parfois, vous serez plus patient ou vous aurez plus d'énergie que d'autres jours. Soyez indulgent envers vous-même et acceptez les choses telles qu'elles sont. Célébrez ce cadeau que vous vous offrez en consacrant du temps à cette pratique quotidienne.

▼ Soyez ouvert à tout ce qui peut survenir

Vous ressentirez peut-être un malaise en commençant à observer vos pensées et vos sentiments de façon objective. Faites de votre mieux pour rester impassible : quoiqu'il arrive, observez objectivement afin d'en apprendre plus. Et si l'exercice devient trop difficile, n'hésitez pas à solliciter l'aide d'un professionnel.

▼ Prenez un engagement envers vous-même

Choisissez une durée de méditation que vous pourrez respecter de façon constante. Si vous êtes novice, une ou deux minutes peuvent sembler une éternité. Commencer ne serait-ce que par trente secondes peut suffire à changer votre état d'esprit et à développer une nouvelle habitude d'intention et de prise de conscience. Si vous pratiquez quinze minutes quotidiennement, mais qu'un jour vous vous sentez nerveux au bout de sept minutes, forcez-vous à tenir jusqu'au bout. Apprenez à faire face à l'inconfort. Votre engagement à tenir toute la durée prévue vous aidera à vous engager dans d'autres domaines de votre vie.

GARDEZ À L'ESPRIT

N'oubliez pas que chaque jour sera différent : ce qui est facile aujourd'hui pourra sembler difficile demain. Voici comment utiliser votre pratique de la méditation comme un outil de croissance personnelle et d'abondance.

▼ Posez une intention

Avant chaque méditation, il est utile de poser une intention – par exemple, en disant : « Trouver plus de paix » ou simplement le mot « Paix ». Être précis sur votre intention vous aidera à attirer ce que vous désirez.

▼ Mettez-vous au défi

En développant votre pratique de la méditation, mettez-vous au défi d'augmenter sa durée ou de changer d'environnement. Méditer dans un lieu propice aux distractions peut vous aider à vous concentrer de nouveau sur votre respiration, quoiqu'il se passe autour de vous.

▼ Pardonnez votre exaspération

Il y aura inévitablement des moments dans votre pratique où vous vous sentirez frustré. Vous aurez peut-être l'impression de ne plus progresser ou de ne pas parvenir à calmer votre esprit. La frustration vient lorsque l'on n'obtient pas le résultat espéré. Servez-vous de la méditation pour examiner vos attentes, voyez si vous pouvez vous en libérer, et acceptez tout ce qui surgit. Vous pouvez aussi utiliser vos acquis pour approfondir votre pratique et la connaissance de vous-même.

▼ Tenez un journal de méditation

Écrire votre expérience peut vous aider à développer les pensées ou les émotions difficiles ayant surgi au cours de la séance. En les couchant sur le papier, vous pouvez alors clore le cycle et trouver des solutions. C'est aussi une façon d'archiver vos découvertes et de réexaminer vos croyances limitantes.

▼ Expérimentez des pratiques

Étant donné qu'il n'y a pas de « bonne » façon de méditer, tout ce que vous testerez sera utile. Variez la durée, le lieu de votre méditation, la focalisation de votre concentration (votre respiration, un mantra, un point visuel, etc.) et le type de méditation.

LES TYPES DE MÉDITATIONS

La méditation peut se dérouler dans de nombreux endroits, de diverses façons et dans de nombreuses circonstances. Rester assis les jambes croisées sur un coussin de méditation n'est qu'une manière de méditer. Les méditations en marchant vous permettent de ralentir et de percevoir les sensations de chaque partie de vos pieds quand ils touchent le sol. Vous pouvez aussi méditer en lavant la vaisselle ou en pliant des vêtements, en vous concentrant attentivement sur les détails de chaque action. Le but de la méditation est de vous fixer dans l'instant présent et d'accroître votre conscience.

La plupart des méditations présentées dans ce livre commencent par un travail de respiration, ou *pranayama* ainsi qu'on l'appelle dans le yoga. Différents exercices peuvent vous aider à vous relaxer, à vous sentir plein d'énergie ou concentré, ou encore à vous ancrer avant de méditer. Le travail sur la respiration contribue aussi à éviter les distractions mentales et à susciter un sentiment d'unicité.
Certaines méditations comportent un scan corporel au cours duquel vous visualisez votre corps de la tête aux pieds (ou l'inverse) et tenez compte de toutes les sensations éprouvées dans l'instant. Votre corps est alors un puits d'informations sur vos pensées et vos sentiments, qui vous aident dans votre pratique de la méditation et de la pleine conscience.
Les méditations variées que vous explorerez dans la seconde moitié de ce livre peuvent être regroupées en trois catégories.

▼ Les exercices de pleine conscience

En analysant les choses, nous les jugeons afin de les classer dans des catégories. En les examinant en pleine conscience, nous entrons en phase avec notre corps et nous écoutons les messages qui nous disent comment y répondre intuitivement. Les exercices sur les pensées vous permettent de créer un espace de calme où vous pouvez réfléchir en pleine conscience. Nous abordons souvent ce type d'exercices de manière analytique, en pesant le pour et le contre – comme lorsque nous réfléchissons à la possibilité de changer de travail ou de nous lancer dans une nouvelle relation. Or, la méditation nous ramène à notre corps et dans l'instant présent. Pour ces exercices, je vous conseille de vous munir d'un cahier et d'un stylo, afin de pouvoir consigner sans porter de jugement tout ce qui vous vient à l'esprit.

▼ La visualisation

La visualisation pure est une forme d'imagerie guidée dans laquelle vous conceptualisez et vivez (dans votre esprit) une situation future dans laquelle votre objectif a déjà été atteint. Ainsi, vous voyez, entendez, ressentez et expérimentez les émotions d'un avenir que vous désirez. La méditation avec visualisation emploie une tactique similaire, mais elle concentre son attention sur une personne ou sur une chose en particulier. Les deux types de visualisations vous permettent de voir et d'expérimenter plus clairement vos désirs. Vous pouvez ainsi constater comment vos objectifs et l'objet de votre concentration vous impactent au niveau cellulaire. Avoir recours à la visualisation avec l'esprit du débutant vous permet de clarifier ce que vous désirez et de poser des intentions pour concentrer votre énergie sur ces cibles. De nombreux athlètes professionnels utilisent les visualisations détaillées pour se préparer à leurs épreuves. D'autres les utilisent pour transmettre un sentiment fort à quelqu'un dans leur vie (amour, paix, pardon ou autres). La science a prouvé que les visualisations ont une incidence sur le plan physique – que nous nous entraînions à courir un marathon ou que nous essayions de résoudre un problème de couple. Dans un état méditatif, les visualisations nous permettent de répéter notre vie future afin d'être prêts à la vivre lorsqu'elle se concrétisera.

▼ L'interconnexion

Imaginer une unité profonde avec les autres, au cours de la méditation, est une façon d'aplanir les différences entre nous, les autres et notre environnement, ce qui nous aide à mieux percevoir notre interconnexion. Ce type de méditations nous amène à saisir qu'il ne s'agit pas de « nous contre les autres », mais aussi à travailler le contrôle de notre ego – si nous sommes tous connectés, alors nous sommes sans doute plus semblables que nous ne le pensions. Grâce à elles, on parvient à mieux comprendre les autres et à ressentir pour eux de la compassion, et non de la colère ou du ressentiment. Elles forment une passerelle à l'intérieur de nous qui nous aide à apprendre ce qui nous anime, d'où viennent nos désirs et comment éprouver un amour profond pour nous-mêmes.

DÉFINITIONS

Équanimité : fait d'être présent dans ce qui est sans être affecté. Calme mental, sang-froid, tempérament égal dans des moments de stress ou dans des situations difficiles.

Esprit du débutant : permet de percevoir les choses ou les gens avec un œil et un esprit neufs, sans aucune idée préconçue, comme si vous ne l'aviez jamais vu ni expérimenté auparavant

Être présent : être calme dans son esprit et dans son corps, sans aucune distraction. Remarquer tout ce qui survient dans l'instant, sans porter aucun jugement.

Loi de l'attraction : loi universelle selon laquelle les semblables s'attirent.

Loi ou principe universel : la force qui gouverne l'univers et qui maintient l'équilibre. La loi de cause à effet et la loi de l'attraction sont des lois universelles.

Méditation : technique pour se détendre et se vider l'esprit afin d'atteindre un état de conscience alerte, différent de l'état éveillé normal.

Opposition : examiner un aspect de votre vie et comprendre précisément ce que vous ne voulez pas, afin d'être précis sur ce que vous voulez. Ce que vous voulez et ce que vous ne voulez pas s'oppose et crée un contraste.

Pleine conscience : être dans l'instant présent et constater sans juger.

Vibrations : énergie qui compose tout dans l'univers. Absolument tout, y compris les pensées et les émotions, est constamment en train de vibrer à sa propre fréquence. Chaque fréquence de vibration attire des fréquences similaires.

LES MÉDITATIONS

Voici trois méditations fondamentales qui vous aideront à identifier ce qui vous paraît le plus important dans votre vie. Vous pourrez ainsi mieux utiliser la pleine conscience pour nourrir ces valeurs.

La présentation de chacune des méditations indique une estimation de sa durée et son type (visualisation, exercice de pleine conscience, interconnexion). Une citation d'une personne réputée pour son enseignement de la pratique de la pleine conscience ou de la loi de l'attraction vient souligner chaque exercice en évoquant le principe de base de la méditation.

Un tableau présente des exemples de croyances limitantes communément rencontrées et, en face, des suggestions d'affirmations positives pour les contrer.

Enfin, l'apport de chaque méditation dans votre vie quotidienne et les étapes de son déroulement sont détaillés.

Avant de commencer, munissez-vous d'un stylo et d'un cahier, afin de pouvoir consigner toutes les réflexions qui vous viennent à l'esprit. Retranscrire ce que vous pensez sur le papier vous aidera à vous connecter à votre moi supérieur.

À présent, le moment est venu de vous lancer !

L'ANCRAGE

2 MINUTES

Interconnexion

“ Dans la course actuelle, nous pensons tous trop, cherchons trop, voulons trop, et nous oublions la joie de simplement être. ”
Eckhart Tolle

Croyances limitantes	Affirmations positives
Je n'ai pas le temps de m'arrêter. Je suis trop occupé !	*M'occuper de moi m'aide à m'occuper des autres.*
M'occuper de moi est égoïste.	*Ralentir va me permettre d'être plus efficace dans tout ce que je fais.*
Les gens vont penser que je me laisse aller à des rêveries.	*Les autres vont souhaiter pouvoir faire ce que je fais.*

▼ En quoi cette méditation peut-elle vous aider ?

Comment vous sentiriez-vous si vous pouviez appuyer sur un bouton pour mettre votre vie en pause ? Voici un exercice d'ancrage pour vous aider à vous déconnecter du tourbillon qui agite votre esprit et pour vous concentrer sur ce qui se passe ici et maintenant. Utilisez-le comme un échauffement avant toutes les autres méditations. En effet, en prenant quelques minutes pour vous reposer et respirer, vous tirerez davantage de bénéfices de chaque méditation.

▼ Étapes

1. Asseyez-vous confortablement. Fermez les yeux. Inspirez lentement et profondément sur quatre temps, pour remplir totalement vos poumons d'air. Puis expirez lentement par le nez en comptant jusqu'à huit.
2. Répétez deux inspirations et deux expirations en gardant les yeux fermés.
3. Faites une pause et savourez l'espace que vous venez de créer.
4. Pendant que vous respirez profondément, relevez toutes les sensations dans votre corps. Écoutez les battements de votre cœur.
5. Ouvrez les yeux et regardez autour de vous. Que voyez-vous ? Qu'est-ce qui se trouve au premier plan ? Et plus loin ? Faites simplement le constat.
6. Restez deux minutes à observer sans juger. Respirez.

VOTRE BOUSSOLE INTÉRIEURE

30 MINUTES
Exercice de pleine conscience

“ Vos valeurs créent votre boussole intérieure qui vous dirige lorsque vous prenez des décisions dans votre vie. Si vous faites des compromis sur vos valeurs fondamentales, vous allez nulle part. ”
Roy T. Bennett

Croyances limitantes	Affirmations positives
Je dois faire ce que l'on attend de moi.	*Dans ma vie, mes valeurs sont ma boussole.*
Quelles que soient mes valeurs, je suis toujours sur le mauvais chemin.	*Il n'y a pas « d'erreur » lorsque l'on vit en accord avec ses valeurs.*
Qu'est-ce que les valeurs ont à voir avec le succès ?	*Le succès existe sous de nombreuses formes et peut s'adapter avec le temps.*

▼ En quoi cette méditation peut-elle vous aider ?

Afin d'atteindre votre version du succès et du bonheur, vous devez honorer votre authenticité. Dire que « l'herbe est toujours plus verte ailleurs » passe un temps, mais c'est le fait de vivre en accord avec vos valeurs qui a vraiment du sens pour vous et c'est cela qui vous apportera une tranquillité durable. Cette méditation écrite vous aidera à identifier ce qui, au plus profond de vous, vous permet de vous sentir vivant. Écrivez vos réponses aux questions qui suivent, sans porter aucun jugement ni vous censurer.

▼ Étapes

1. Isolez-vous dans un endroit calme et asseyez-vous.
2. Trouvez un moyen pour enregistrer vos pensées.
3. Pour vous, qu'est-ce qui compte le plus au monde ? Qu'appréciez-vous au point que votre opinion ne pourrait pas changer tout au long de votre vie ? Il n'est pas question ici d'argent, de carrière, du conjoint parfait, ni de ce qui est extérieur à vous-même, mais de la personne que vous êtes.
4. Chaque fois que vous pensez à quelque chose ou à quelqu'un, interrogez-vous : « Qu'est-ce que cela m'apporte ? » Puis approfondissez jusqu'à ce que vous n'ayez

plus rien à dire. Ceci est votre valeur fondamentale. Imaginons que vous évaluiez votre famille, vous vous demanderez ce qu'elle vous apporte et l'on devrait trouver parmi vos réponses : de l'amour, un sentiment d'appartenance ou d'acceptation. Ce sont des valeurs. D'autres valeurs sont des concepts tels que la santé, l'intégrité, le bonheur, la liberté, l'humour, la paix, la connexion, l'engagement, la communauté, la gratitude et la passion.

5. À partir de votre liste de valeurs, identifiez les trois plus importantes à vos yeux.

6. La prise de décision face à des choix plus ou moins importants sera alors plus facile, car si des options ne correspondent pas à vos valeurs, il est fort probable que vous ne les prendrez pas en compte. Par exemple, il sera difficile pour vous de travailler dans une entreprise dont la culture ira à l'encontre de vos principes.

7. Donnez-vous la permission d'honorer ces valeurs, de leur faire de la place et d'y adhérer aussi longtemps qu'elles vous serviront.

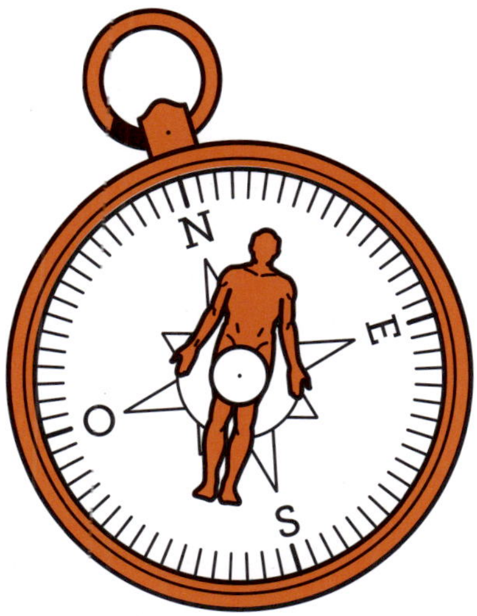

L'INVENTAIRE ÉNERGÉTIQUE

15 MINUTES

Exercice de pleine conscience

“ La meilleure façon de capturer l'instant est de faire attention. C'est ainsi que l'on cultive la pleine conscience. La pleine conscience signifie être éveillé. Cela signifie savoir ce que vous faites. ”
Jon Kabat-Zinn

Croyances limitantes	Affirmations positives
Toute personne a des obligations avec lesquelles elle n'est pas forcément d'accord.	*Vivre en accord avec mes valeurs me rend heureux.*
Je ne peux vraiment rien supprimer de mon quotidien, car tout est trop important !	*Le temps que je m'accorde finit tôt ou tard par payer.*
Je suis trop occupé pour penser à cela.	*Vivre dans l'instant présent m'apporte un sentiment d'aisance.*

▼ En quoi cette méditation peut-elle vous aider ?

Parvenir à identifier la positivité de vivre à cent à l'heure peut s'avérer difficile. Profitez du temps de cette méditation pour ralentir et comprendre où vous dépensez votre énergie jour après jour. Cet exercice tout simple peut vous aider à visualiser ce qui vous apporte de la joie et à déterminer ce qui pourrait être en désaccord avec vos valeurs fondamentales. Autant que possible, répondez par écrit aux questions suivantes, sans porter de jugement ni vous censurer.

▼ Étapes

1. Isolez-vous dans un endroit calme et asseyez-vous.

2. Examinez votre vie telle qu'elle est. Écrivez tout ce que vous faites au cours d'une journée type. Que mangez-vous ? Avec qui passez-vous votre temps ? Comment dépensez-vous votre argent ? Où vivez-vous ? Écrivez tout ce qui nécessite un effort et mobilise votre énergie.

3. Décrivez comment vous vous sentez à chaque aspect de votre journée. Parvenez-vous à identifier la partie de votre corps où vous éprouvez ces sensations ? Quelles émotions ressentez-vous en considérant chacune de ces périodes ?

4. En quoi chacun des éléments de votre liste est-il en lien avec vos valeurs fondamentales ?
5. Sans porter de jugement, rayez tout ce qui semble en désaccord avec vos valeurs : les points barrés ont-ils un lien entre eux ? Avez-vous tendance à reporter des émotions en rapport avec ces points sur les mêmes endroits de votre corps ?
6. Quelle mesure pourriez-vous prendre aujourd'hui pour retirer l'un des éléments barrés de votre liste ?

LA SANTÉ

Cela ne fait que très peu de temps que le corps médical occidental prend sérieusement en compte la connexion entre l'esprit et le corps. En effet, après de nombreuses années de recherche scientifique, la relation entre eux est pourtant devenue difficile à ignorer. De nombreux professionnels de la santé ont accepté que le schéma de pensée – le cœur de la pathologie, – était une étape importante dans la réduction de la douleur et des symptômes chroniques. Aujourd'hui, les traitements esprit-corps jouent un rôle majeur dans la guérison de l'individu dans sa globalité.

Ce que l'on appelait auparavant « pleine conscience » est désormais classifié dans les pratiques basées sur les preuves – comme les thérapies comportementales et cognitives (TCC), la thérapie comportementale dialectique (TCD), la réduction du stress basée sur la pleine conscience (MBSR, pour *Mindfulness-based stress reduction* en anglais), et bien d'autres encore. Ces techniques font partie des protocoles pour traiter les addictions, la douleur et de nombreuses autres affections.

Des études scientifiques, telles que l'étude finlandaise publiée dans la revue scientifique américaine *Proceedings of the National Academy of Sciences*, révèlent les preuves irréfutables que nos pensées et nos émotions se manifestent à l'intérieur de notre corps. Selon le docteur Mark Hyman, directeur du centre de médecine fonctionnelle de la Clinique de Cleveland, les médicaments peuvent aider à traiter les symptômes de ces affections, mais, très souvent, ils ne parviennent pas à soigner le problème sous-jacent. Ce constat ne surprendra pas ceux pour qui les traitements médicamenteux n'ont soulagé qu'un temps des maladies chroniques. Or, c'est là que nos schémas de pensée entrent en ligne de compte.

Ralentir pour prendre davantage conscience de nos pensées et de nos émotions – de la façon dont elles se manifestent dans nos corps – est crucial dans le processus de guérison. La méditation est l'un des moyens pour y parvenir, car elle permet d'être plus conscients de nos schémas de pensée, sans porter de jugement. À partir de ces constats, nous pouvons faire des choix plus sains pour décider ce qu'il convient de conserver ou d'abandonner.

Ce livre n'a pas vocation à traiter des problèmes de santé spécifiques ni à remplacer un traitement médical. Cependant, il peut venir en complément de l'avis médical et du traitement que vous suivez actuellement, en changeant votre relation à vos pensées et à la façon dont celles-ci se traduisent dans votre corps.

Dans les pages qui suivent, vous trouverez des notions de la pleine conscience utilisables pour améliorer votre santé et votre rôle pour l'entretenir. Ces exercices et méditations vous aideront à prendre votre bien-être en main, tout en les ancrant dans des siècles d'étude portant sur la sagesse esprit-corps.

BREF, QU'EST-CE QUI EST SAIN ?

10 MINUTES
Visualisation

“ Garder votre corps en bonne santé est une expression de gratitude envers tout le cosmos – les arbres, les nuages, tout. ”
Thich Nhat Hanh

Croyances limitantes	Affirmations positives
Je n’ai pas le temps de faire de l’activité physique.	*Faire de l’exercice, c’est faire bouger mon corps tout en éprouvant de la joie.*
Les régimes ne fonctionnent jamais.	*En mangeant en pleine conscience, je nourris mon corps.*
Je suis comme ça, un point c’est tout.	*J’aime mon corps et la façon dont il évolue.*

▼ En quoi cette méditation peut-elle vous aider ?

Afin d’améliorer votre santé, il est utile de savoir ce que « sain » signifie pour vous. Quel est votre objectif ? Quelle est votre intention ? Cet exercice va vous aider à vivre en adéquation avec la vision que vous avez d’une bonne santé.

▼ Étapes

1. Regardez-vous dans un miroir. Notez ce que vous aimez en vous.
Pour certains, cet exercice peut être un véritable défi. S’il est trop difficile pour vous, fermez les yeux et touchez délicatement votre bras, votre jambe ou toute autre partie de votre corps qui, selon vous, a besoin d’être aimée.
2. Quelles parties de votre corps ou de votre esprit sont en bonne santé ? Comment ces aspects s’expriment-ils (par exemple, un cœur fort et en bonne santé) ? Quelles émotions suscitent-elles ?
3. Fermez les yeux et procédez à un rapide scan corporel. Ressentez-vous une douleur ? Si tel est le cas, où ?
4. Demandez-vous ce que cette partie de votre corps essaie de vous dire. Afin d’être alignés, nous avons parfois besoin de parler à différentes parties de notre corps pour les intégrer.

5. Fermez de nouveau les yeux et imaginez-vous en train de grandir et de vous élever au-delà de la pièce dans laquelle vous vous trouvez. Visualisez-vous au-dehors, par-delà votre village ou votre ville, votre pays, votre continent et tout l'univers.
6. Ouvrez les yeux. Inspirez et expirez trois fois pour reprendre vos esprits.
7. Considérez cette expérience d'expansion comme une exploration de votre force et de votre douleur, mais aussi comme le point de départ de votre feuille de route santé. Plus vous serez à l'écoute, plus vous saurez précisément ce que le terme « santé » signifie pour vous et comment il se connecte aux vibrations qui vous entourent.

EXPLOITEZ LA SAGESSE ANCESTRALE

10 MINUTES

Visualisation

“ La pleine conscience est simplement le fait d'être conscient de ce qui se produit dans l'instant, sans souhaiter que cela soit différent. ”
James Baraz

Croyances limitantes	Affirmations positives
Je ne me sens pas mieux.	*Mon corps est une source de sagesse lorsque je l'écoute.*
Ces maux et ces douleurs font partie de la vieillesse.	*Mon corps me parle lorsque j'ai des émotions auxquelles il faut remédier.*
J'ai toujours eu des problèmes de dos.	*Je peux participer à ma propre guérison.*

▼ En quoi cette méditation peut-elle vous aider ?

Notre corps est doué d'une sagesse plus profonde qu'aucune logique ne pourrait envisager. Il nous livre sans cesse des informations précieuses qui prennent souvent la forme d'un malaise. En écoutant les signaux qu'il envoie, nous recevons des indices qui, mis bout à bout, peuvent participer à notre propre guérison. En prendre conscience est donc la première étape. Les pensées enfouies, les croyances et les émotions créent un stress qui se manifeste de différentes façons : mal au dos, maux de tête, problèmes digestifs, déficience du système immunitaire, maladies chroniques, pour n'en citer que quelques-unes. Toutefois, en puisant dans la sagesse ancienne de la connaissance du corps, nous pouvons trouver la voie de notre propre guérison.

▼ Étapes

1. Isolez-vous dans un endroit calme et asseyez-vous.

2. Commencez par inspirer et expirer profondément dix fois, en comptant chaque inspiration. Concentrez-vous sur l'inspiration qui emplit vos poumons, puis expirez lentement par le nez. Essayez de faire le vide dans votre esprit en évitant tout bavardage intérieur et concentrez-vous sur le décompte des inspirations et des expirations.

3. Si votre esprit vagabonde, ramenez-le doucement à l'état de concentration. Sans jugement, libérez-vous de vos pensées distrayantes et reprenez l'exercice depuis le début. Il vous faudra peut-être répéter ce processus plusieurs fois avant d'avoir atteint la dixième inspiration. Cela vous aidera à vous concentrer et à vous centrer sur l'écoute de votre corps.

4. Procédez à un lent scan corporel, en partant de votre tête, puis en descendant à vos mâchoires, votre cou, vos bras, vos doigts, votre dos, vos hanches, vos jambes et en terminant par vos pieds.

5. Quel type de sensation éprouvez-vous dans chaque partie de votre corps ? Soyez curieux des douleurs que vous pourriez ressentir. Où siègent-elles exactement (dans quel muscle ou quelle articulation) ? N'essayez pas de les faire disparaître, contentez-vous de les constater.

6. Si vous rencontrez une zone douloureuse ou tendue, n'essayez pas de la soulager ou d'émettre un jugement. Chercher à changer l'état actuel des choses aurait pour unique conséquence de faire persister l'inconfort. Or, il convient de regarder la douleur en face et d'en faire une amie.

7. Demandez à cette partie de votre corps quel message elle essaie de vous envoyer. De quoi essaie-t-elle de vous protéger ? Comment tente-t-elle de vous aider ?

8. Attendez la réponse. Si elle ne vient pas immédiatement, laissez-lui de l'espace pour se manifester en temps voulu. C'est un signal que vous envoyez à l'intelligence de votre subconscient pour lui dire qu'elle est libre de parler.

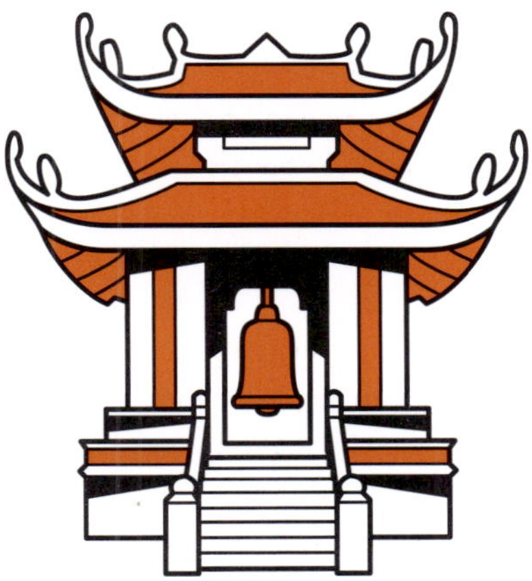

LES BOUCHÉES HEUREUSES

3 MINUTES

Interconnexion

“ Manger en pleine conscience est une question d’attention. Lorsque vous mangez ainsi, vous faites attention à la nourriture que vous ingérez et vous savourez chaque bouchée. ”

Susan Albers

Croyances limitantes	Affirmations positives
Je n’ai pas le temps de m’asseoir pour manger.	*Je prends le temps de nourrir mon corps.*
Du moment que la nourriture est chaude, cela me convient.	*Savourer chaque nuance de ce que je mange peut m’aider à améliorer ma santé.*
Je trouve bizarre de manger en silence.	*La concentration en pleine conscience sur ce que je mange requiert mon attention la plus totale.*

▼ En quoi cette méditation peut-elle vous aider ?

Dans notre monde survolté, nous mangeons sur le pouce, sans prendre le temps de remarquer ce que nous avalons. Or, en agissant ainsi, nous perdons de vue la relation entre la nourriture et le fait de se nourrir. Nous ne prêtons pas attention au goût des aliments, nous oublions que ceux-ci viennent de la terre et nous ignorons que l’alimentation peut être une véritable source de joie. Plus vous parviendrez à ralentir et à prendre conscience de tous les aspects de ce que vous mangez, plus vous identifierez ce qui nourrit réellement votre corps et votre esprit. Vous prendrez alors à nouveau plaisir à cuisiner.

▼ Étapes

1. Sélectionnez un aliment qui provient de la terre.

2. Isolez-vous dans un endroit calme et concentrez-vous sur cet aliment. Réservez ce moment uniquement à votre repas.

3. Placez l’aliment en face de vous. Observez ses différentes textures, la façon dont il réfléchit la lumière et comment il répond à la chaleur de votre main.

4. Humez-le et observez ses différents arômes.

5. Fermez les yeux, placez lentement l'aliment dans votre bouche et faites-le tourner. Sentez les textures dans votre bouche, l'urgence de le mâcher et de l'avaler. Constatez combien vous salivez, rien qu'en anticipant de le goûter.
6. Mordez lentement l'aliment. Voyez comment la texture se modifie : par exemple, comment un fruit rouge explose en bouche et libère son jus, combien le goût du chocolat change quand il se brise et commence à fondre ou à quel point le raisin libère des sucres naturels.
7. Prenez une minute pour mâcher complètement l'aliment et notez les étapes par lesquelles il passe. Que se produit-il si vous essayez de le mâcher vingt, trente, cinquante fois ?
8. Comment pourriez-vous transposer cette expérience de pleine conscience à votre prochain repas, afin d'expérimenter pleinement chaque bouchée ?

LA RESPIRATION ÉNERGISANTE

3 MINUTES
Visualisation

“ Les sentiments vont et viennent, comme des nuages dans un ciel venteux. La respiration consciente est mon ancre. ”
Thich Nhat Hanh

Croyances limitantes	Affirmations positives
Ma respiration est bonne.	*Respirer profondément me vide l’esprit.*
Notre manière de respirer n’a rien à voir avec comment nous nous sentons.	*Lorsque tout se déchaîne autour de moi, je peux contrôler ma respiration.*
La respiration profonde me donne des étourdissements.	*La respiration profonde me revitalise.*

▼ En quoi cette méditation peut-elle vous aider ?

Avec la respiration superficielle (c’est-à-dire lorsque nous respirons essentiellement par la partie haute de la poitrine), nous n’utilisons qu’un quart de notre capacité pulmonaire. De ce fait, nous n’envoyons pas suffisamment d’oxygène dans notre sang pour avoir assez d’énergie tout au long de la journée. Apprendre à respirer en profondeur permet de se dynamiser tout en se calmant. Différents exercices de respiration, selon leur durée et la fréquence des inspirations/expirations, permettent d’augmenter les battements du cœur ou de se détendre. L’exercice simple qui suit peut vous aider à comprendre l’impact de la respiration profonde et servir d’introduction à certaines techniques du yoga classique – comme le *pranayama* (des exercices de respiration) et les *asanas* (des exercices physiques) – et à la méditation.

▼ Étapes

1. Mettez-vous debout, les pieds écartés à la largeur des hanches, les bras de chaque côté du corps. Assurez-vous que vous avez suffisamment de place pour étendre vos bras en croix.

2. Fermez les yeux, inspirez profondément pour remplir vos poumons d’air et détendez votre corps.

3. Ouvrez maintenant les yeux en amenant lentement vos bras tendus sur le côté puis au-dessus de votre tête. Inspirez profondément en levant les bras. Gardez-les tendus.
4. Marquez une pause à la fin de votre inspiration, tout en joignant les mains au-dessus de votre tête.
5. En expirant, ramenez lentement vos bras à leur position de départ.
6. Marquez une pause à la fin de votre expiration, les bras le long du corps.
7. Répétez le mouvement : inspirez en levant les bras, marquez une pause, expirez en baissant les bras et marquez une pause. Recommencez dix fois de suite. Chaque fois, essayez d'inspirer un peu plus d'air et de pousser le bas de vos poumons en direction du diaphragme.
8. Lorsque vous avez terminé, prenez un moment pour observer comment vous vous sentez. Notez les effets de votre respiration profonde sur votre corps, sur votre esprit et sur vos émotions.

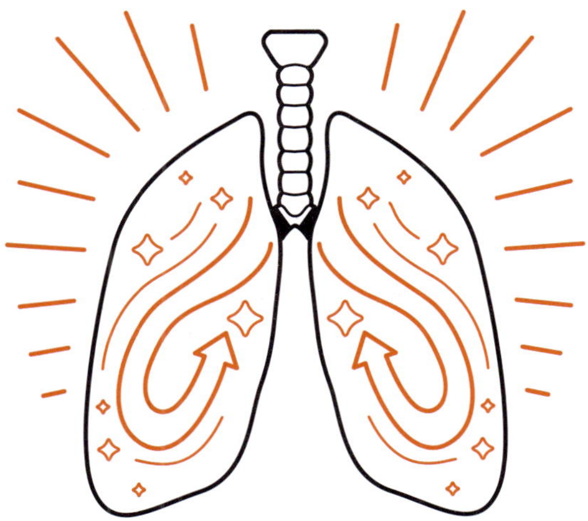

RAMENEZ VOTRE ASSIETTE DANS LE PRÉSENT

30 MINUTES
Interconnexion

“ Comprendre notre relation à l’alimentation nous permet d’approfondir nos connaissances et nous aide à vivre notre plein potentiel. ”
Natasa Pantovic

Croyances limitantes	Affirmations positives
Je ne veux pas penser à ma nourriture avant de la manger.	*La nourriture est meilleure lorsque je mange en pleine conscience.*
Je mange parce que j’ai faim. Un point, c’est tout.	*Je peux faire des choix alimentaires sains, quelles que soient mes contraintes de temps.*
Je dois manger tout ce que contient mon assiette.	*Je fais attention à mon corps et à mon esprit, et je suis conscient quand je satisfais ma faim.*

▼ En quoi cette méditation peut-elle vous aider ?

Prendre conscience de la façon dont vous consommez la nourriture peut vous aider à adopter des habitudes qui amélioreront votre santé, en vous fournissant plus d’énergie et en développant la confiance en vous. La prochaine fois que vous mangerez ou boirez, faites une pause et effectuez cette méditation. Prenez un moment pour observer si vous avez vraiment faim et soif, ou si vous êtes en train de combler un autre besoin.

▼ Étapes

1. Aujourd’hui, dès que vous éprouverez l’envie de manger ou de boire, fermez les yeux et respirez trois fois en inspirant et en expirant profondément. Demandez-vous quel besoin vous voulez satisfaire.
2. Après quatre bouchées (ou gorgées), marquez une pause, fermez les yeux et respirez trois fois profondément. Remarquez si vous êtes toujours en train de déguster votre nourriture.
3. Considérez d’où provient la nourriture. Imaginez-la en train d’alimenter toutes les cellules de votre corps.

4. Lorsque vous avez terminé, inspirez et expirez profondément trois fois pour faire le vide. Les yeux fermés, réfléchissez à tout ce dont vous vous souvenez à propos de cette expérience.

◊ Vous êtes-vous trouvé à ralentir ou accélérer le déroulement ?

◊ Réfléchissez aux goûts, aux textures et à quoi que ce soit d'autre que vous ayez relevés.

◊ Entrez en connexion avec votre corps. Comment se sent-il après avoir mangé ?

COMPRENEZ VOTRE « POURQUOI »

30 MINUTES

Exercice de pleine conscience

“ Il n’y a que deux options en matière d’engagement. Soit vous êtes dans le jeu, soit vous êtes hors-jeu. La vie entre les deux n’existe pas. ”
Pat Riley

Croyances limitantes	Affirmations positives
Le changement est difficile.	*Je suis capable d’opérer un changement durable.*
Personne ne me soutient.	*Je n’ai besoin que de mon propre accord pour mettre en œuvre le changement.*
Je n’ai pas besoin d’une raison pour changer.	*Savoir « pourquoi » je veux changer quelque chose entretient mon dynamisme et ma motivation, même quand les choses deviennent difficiles.*

▾ En quoi cette méditation peut-elle vous aider ?

Les échéances et les objectifs limités dans le temps peuvent permettre d’effectuer temporairement des changements (par exemple, lorsque nous voulons améliorer notre état de santé en vue d’un jour important). Or, pour opérer des changements durables qui maintiennent la santé sur le long terme, il faut apprendre à connaître le « pourquoi » qui se cache derrière notre objectif. En d’autres mots : quelle est notre motivation intrinsèque ? Cet exercice vous permettra d’identifier le « pourquoi » qui vous soutiendra dans tous les changements que vous déciderez.

▾ Étapes

1. Isolez-vous dans un endroit calme pour vous concentrer. Fermez les yeux et respirez plusieurs fois profondément, afin de vider votre esprit et de détendre votre corps.
2. Pensez au changement que vous souhaitez opérer pour votre santé. Écrivez pourquoi il est important pour vous d’opérer ce changement à ce moment de votre vie. Pourquoi êtes-vous vraiment décidé à changer maintenant ?
3. Écrivez toutes les raisons que vous pouvez imaginer. Creusez autant que possible.

4. Affichez des morceaux de papier avec votre « pourquoi » à différents endroits :

- sur votre miroir de salle de bains ;
- sur votre réfrigérateur ;
- avec vos cartes de crédit ;
- sur votre écran d'ordinateur ;
- sur votre table de chevet ;
- sur le tableau de bord de votre voiture ;

5. En lisant ces papiers et en visualisant votre « pourquoi » tout au long de la journée, ressentez les émotions qui y sont associées. À quoi votre journée ressemble-t-elle ? Comment ce « pourquoi » influence-t-il vos décisions ? Cet exercice – effectué ne serait-ce que quelques secondes, plusieurs fois par jour – vous aidera à renforcer votre volonté et votre motivation.

ACCUEILLEZ LA RÉSISTANCE

5 MINUTES

Visualisation

“ Ne crois pas tout ce que tu penses. Les pensées ne sont que des pensées. ”
Allan Lokos

Croyances limitantes	Affirmations positives
Je n'aime pas mon apparence.	*Je suis magnifique tel que je suis.*
Je ne ressemblerai jamais à cette personne.	*Tout le monde est beau.*
Personne ne m'aimera aussi longtemps que je ressemblerai à cela.	*Je me sens bien tel que je suis.*

▾ En quoi cette méditation peut-elle vous aider ?

Pour déterminer votre but, vous devez être conscient du stade où vous vous trouvez maintenant. Après avoir pris conscience de vos pensées, l'étape suivante du changement est de vous accepter tel que vous êtes. Si vous luttez, si vous avez honte ou si vous êtes dans le déni de votre situation actuelle, alors c'est que vous résistez. Or, ce à quoi vous résistez, persiste. Voici des exemples de ce que vous pouvez ressentir en acceptant le moment présent ou en lui résistant :

♦ **Acceptation :** je sens que mon énergie est basse. J'en prends conscience et je fais les choix qui s'imposent pour changer cela.

♦ **Résistance :** je ne peux pas croire que je ressente cela. Je sais que je devrais être en meilleure santé, mais cela prend trop de temps.

D'après vous, quelle attitude offrira les résultats les plus durables ? En commençant cet exercice, soyez convaincu que tout ce que vous faites et tout ce que vous êtes est suffisant.

▾ Étapes

1. Asseyez-vous confortablement et détendez-vous

2. Fermez les yeux, inspirez et expirez plusieurs fois pour faire le vide, puis commencez un scan corporel de la tête aux pieds.

3. Relevez les pensées qui surgissent dans votre tête. Acceptez chacune d'elles, accueillez-les et libérez-les.

4. Si une pensée limitante surgit, demandez-vous ce qui la rend légitime. Est-ce que votre partenaire ou ami proche porterait le même jugement sur vous ? Intégrez cette pensée et laissez cette prise de conscience lui ôter tout pouvoir.

5. Alors que toutes sortes de pensées envahissent votre esprit, remplacez-les par l'affirmation : « Je m'aime profondément et je m'accepte. » Ressentez comme une enveloppe d'amour autour de vous.

6. Répétez cet exercice une fois par jour, aussi longtemps que nécessaire.

7. La relation à vos pensées a-t-elle changé ?

PROMENEZ-VOUS EN PLEINE CONSCIENCE

10 À 20 MINUTES

Interconnexion

“ Si les portes de la perception étaient nettoyées, chaque chose apparaîtrait à l’homme telle qu’elle est : infinie. ”
William Blake

Croyances limitantes	Affirmations positives
Je n’ai pas le temps d’aller marcher.	*Marcher prend deux à vingt minutes. Chaque petit effort compte.*
Je n’ai pas de lieu sûr pour aller marcher.	*Je profite des sensations en plein air, même si je ne peux pas marcher.*
Cela fait trop mal de marcher.	*Marcher me permet de me vider l’esprit et de me sentir revigoré.*

▼ En quoi cette méditation peut-elle vous aider ?

Nous voulons généralement rallier le plus vite possible le point A au point B. Mais à côté de quoi passons-nous en agissant ainsi ? Si, lorsque vous allez d’un endroit à un autre, vous choisissez de prendre un peu plus de temps pour être en pleine conscience, vous pouvez alors découvrir la beauté qui vous entoure. Cet exercice vous permettra de remarquer les petits détails rencontrés et de pointer du doigt les moments où vous êtes déconnecté de ce qui vous entoure et perdu dans vos pensées. Pour ceux qui ne peuvent pas marcher, mettez ce moment à profit pour simplement apprécier les sensations de la pleine nature. Ainsi, cette méditation est accessible à tous.

▼ Étapes

1. Réservez cet exercice pour une sortie en plein air.
2. Ne portez pas d’écouteurs ni rien qui puisse vous distraire de ce qui vous entoure.
3. Commencez au rythme qui vous convient. Il est préférable de démarrer un peu en dessous de votre rythme habituel. Respirez profondément tout en vous reconnectant à votre corps et à votre environnement.

4. Remarquez les couleurs des feuillages et les sons qu'ils produisent, la taille et la forme des arbres, le spectacle visuel et sonore qu'offrent les oiseaux. Écoutez les sons proches ou lointains, observez les odeurs, et cherchez à savoir d'où ils proviennent. Estimez la température et la façon dont cette dernière vous affecte. Remarquez vos sensations à chaque pas. Vous tenez-vous droit avec les épaules en arrière ou bien traînez-vous les pieds ? Notez tout ce que vous pouvez.

5. En marchant, ressentez le contact de vos pieds au sol. Si vous ne pouvez pas marcher, fermez les yeux et ressentez la gravité de la Terre qui vous stabilise.

6. Notez les pensées qui traversent votre esprit. Au lieu de vous laisser submerger par ces dernières, regardez-les passer avec une certaine distance. Considérez-les comme des nuages qui avancent dans le ciel. Vous affectent-elles différemment si vous les percevez de cette manière ?

7. Remarquez si votre respiration change en fonction de ces différents schémas de pensée et selon vos degrés d'activité.

8. À la fin de cette promenade, prenez un moment pour réfléchir. Comment vous sentez-vous ? Notez-vous une différence dans votre corps ?

EXPLOREZ LE MOUVEMENT

20 À 30 MINUTES
Interconnexion

“ Lorsque nous sommes trop pris dans l’agitation du monde, nous perdons la connexion avec l’autre, et avec nous-mêmes. ”
Jack Kornfield

Croyances limitantes	Affirmations positives
Je déteste l’exercice.	*Faire bouger mon corps afin de prendre du plaisir est amusant.*
Je n’ai pas le temps de faire de l’exercice.	*Prendre le temps pour faire de l’exercice me procure l’énergie dont j’ai besoin.*
Je n’aime pas les salles de sport.	*On peut faire de l’exercice partout.*

▼ En quoi cette méditation peut-elle vous aider ?

Au fond, qu’est-ce que l’exercice ? C’est le mouvement. Alors, au lieu de le considérer comme une corvée, pourquoi ne pas le voir comme une occasion favorable pour bouger et explorer le mouvement ? En réalité, cet exercice devient encore plus profitable en se concentrant sur la joie ressentie pendant les différentes étapes. Si le terme « exercice » vous est pénible, utilisez un autre terme et bougez votre corps comme il vous plaira. La définition que vous donnerez à ce mot ouvrira la porte de tous les possibles. Cet exercice peut vous aider à trouver de nouvelles opportunités de bouger plus et d’intégrer le mouvement de façon ludique dans votre emploi du temps chargé.

▼ Étapes

1. Réservez une plage horaire dans votre planning et ne la changez sous aucun prétexte. Essayez d’en faire un rendez-vous récurrent. Peu importe le temps que vous consacrez à votre activité. Ce qui compte, c’est de commencer et de progresser à partir de ce point de départ.

2. Trouvez un mouvement que vous aimez, quelque chose que vous aurez vraiment envie de faire tous les jours. Voici quelques idées : sortir marcher (avec un animal de compagnie ou avec quelqu’un), jardiner, faire du yoga ou effectuer tout simplement des flexions des mains ou des pieds… Changez d'activité, si vous le souhaitez, mais maintenez toujours votre rendez-vous avec votre activité.

3. Avant de faire bouger votre corps tous les jours, notez quel est votre état mental, émotionnel et énergétique. Vous sentez-vous éparpillé ou concentré ? En prise avec vos émotions ou bien ancré ? Dynamique ou léthargique ?

4. En effectuant l'activité choisie, observez comment les états identifiés affectent vos mouvements et votre bavardage mental. Constatez comment les émotions et les pensées vous traversent tandis que vous bougez.

5. Rappelez-vous que chaque jour est différent. Certains jours, votre énergie et votre humeur seront hautes et vous n'aurez aucun problème à être actif pendant un plus long laps de temps. D'autres jours, votre énergie sera plus basse. Adaptez votre activité quotidienne à votre niveau d'énergie, afin que ce moment soit toujours divertissant et intéressant. Notez jour après jour ce qui change.

6. Après avoir bougé, marquez une pause. Inspirez et expirez plusieurs fois. Ressentez-vous votre corps différemment ? En quoi le fait de bouger a-t-il eu un impact sur vos pensées et sur vos émotions ?

OBSERVEZ VOS DÉCLENCHEURS ÉMOTIONNELS

10 MINUTES

Exercice de pleine conscience

“ Quand j’ai faim, je mange ce que j’aime. Quand je m’ennuie, je fais quelque chose que j’aime. Quand je suis seule, je me connecte avec quelqu’un que j’aime. Quand je me sens triste, je me souviens que je suis aimée. ”
Michelle May

Croyances limitantes	Affirmations positives
Je ne peux pas contrôler mes humeurs.	*Je peux contrôler mes réponses.*
J’agis en réponse à mes émotions.	*Je peux changer mes vieilles habitudes improductives.*
Lorsque quelque chose m’atteint, je réagis toujours de la même façon.	*J’utilise le « pouvoir de la pause » pour choisir une réponse plus utile à un déclencheur.*

▼ En quoi cette méditation peut-elle vous aider ?

De toute évidence, nous avons tous des réponses toutes prêtes aux choses qui nous atteignent. Lorsqu’un déclencheur agit, notre subconscient se charge de lui. L’un des aspects les plus importants pour la santé est de réguler les émotions fortes qui provoquent une réponse physique. En prenant davantage conscience de nos déclencheurs et de leurs répercussions émotionnelles et physiques, nous pouvons choisir des réponses différentes et plus favorables. La pratique et la répétition sont nécessaires pour changer des habitudes enracinées. Cette méditation vous aidera à utiliser le « pouvoir de la pause » pour vous arrêter, observer et opérer des choix différents. Rappelez-vous que la pleine conscience consiste à observer simplement sans juger. L’objectif, ici, est d’identifier le moment où les émotions surgissent et à les considérer sans réagir. Parcourez les déclencheurs listés dans le tableau ci-dessous et voyez s’ils résonnent en vous. Si ce n’est pas le cas, utilisez cette liste pour réfléchir à vos propres déclencheurs qui suscitent chez vous des réponses que vous souhaiteriez changer.

Déclencheur	Réaction malsaine	Réaction saine
L'ennui (n'avoir aucun goût à la vie).	Consommation irraisonnée (nourriture, shopping, etc.).	Marcher, nettoyer, désencombrer en pleine conscience.
Le stress (vivre dans le passé ou le futur).	Remplir le temps avec des activités abrutissantes.	Boire une tasse de thé, méditer, faire du yoga, visualiser un lieu calme.
La colère (l'incapacité à contrôler les gens et les circonstances).	Boire de l'alcool, avoir des accès de violence, enfouir ses émotions.	Faire un exercice de gymnastique aérobic intense, frapper dans un punching-ball, méditer, marcher dans la nature, écrire dans un journal intime.
La sociabilité (le besoin de créer des liens ou d'être accepté par les autres).	Manger et boire en grande quantité.	Jouer à des jeux de société, bowling, sports, etc., établir des relations, boire de l'eau.
La dépression (créer des futurs négatifs).	Consommer des aliments de réconfort, boire de l'alcool.	Faire de l'exercice, faire du bénévolat, méditer, parler avec des amis, marcher dans la nature.

▼ Étapes

1. Prenez en considération la dernière fois que vous avez ressenti l'action d'un déclencheur ou que vous avez remarqué une réaction malsaine à un déclencheur. Faites une pause : fermez les yeux, puis inspirez et expirez profondément trois fois de suite.

2. Quelles pensées traversent votre esprit ? Quelles émotions ressentez-vous ? Quelles sensations physiques éprouvez-vous ? Notez-les par écrit.

3. Pensez à une réponse plus favorable. Quelle pourrait-elle être ? Si vous ne trouvez aucune réponse, fermez les yeux et respirez jusqu'à ce que l'intensité de vos émotions commence à diminuer.

4. Faites une pause pour constater ce qui se produit lors de la transition du déclencheur à la quiétude. Qu'est-ce qui a changé dans vos pensées, dans vos émotions et dans vos sensations physiques ?

CUISINEZ EN PLEINE CONSCIENCE

5 MINUTES

Interconnexion

“ Manger en pleine conscience est une façon de renouer avec les conseils de notre nutritionniste interne. ”
Jan Chozen Bays

Croyances limitantes	Affirmations positives
La nutrition, c'est compliqué.	*La nutrition a la capacité d'enrichir ma vie.*
Manger sainement coûte cher.	*Les aliments de très bonne qualité vont me donner de l'énergie et de la force pour longtemps.*
Manger sain est compliqué.	*Il est très simple de faire des choix sains.*

▼ En quoi cette méditation peut-elle vous aider ?

Notre système alimentaire a évolué de telle façon que les aliments transformés et de piètre qualité sont beaucoup moins coûteux que les aliments simples et de qualité. Ce phénomène défavorise les gens avec les revenus les plus faibles et il est à l'origine de nombreuses affections et surcoûts médicaux. Les produits chimiques et les conservateurs présents dans ces aliments réduisent notre énergie sur le long terme et ils sont en partie responsables de problèmes de santé tels que les douleurs chroniques, les problèmes de peau et les troubles digestifs. Qui que vous soyez et quel que soit l'endroit où vous viviez, cet exercice vous permet d'insuffler de la pleine conscience en cuisine.

▼ Étapes

1. La prochaine fois que vous allez au supermarché, n'achetez que des aliments frais. Prenez le temps de penser que chaque aliment provient de la terre et qu'il a été nourri par elle, le soleil et la pluie.
2. Trouvez une nouvelle recette savoureuse que vous pouvez réaliser à partir de ces ingrédients.
3. Avant de cuisiner, prenez chaque aliment dans vos mains et observez sa texture, son odeur, sa couleur et son goût à cru.

4. Fermez les yeux pour approfondir votre conscience des senteurs et des sons qui emplissent votre cuisine.
5. Remarquez les changements d'aspects et d'arômes de l'aliment, et écoutez les bruits qu'il émet en cuisant.
6. En dressant le plat dans votre assiette, disposez délicatement les aliments afin de les rendre les plus appétissants possible.
7. Marquez une pause. Inspirez et expirez profondément trois fois de suite. Constatez combien cette expérience diffère d'un repas à base d'aliments transformés. Notez en quoi la préparation de vos propres ingrédients modifie votre point de vue sur ce que vous mangez, ainsi que votre état émotionnel et vos sensations physiques, avant, pendant et après votre repas.

ACCUEILLEZ LE MATIN

2 MINUTES
Visualisation

**“ Chaque matin nous renaissons à nouveau.
Ce que nous faisons aujourd’hui est ce qui importe le plus. ”**
Bouddha

Croyances limitantes	Affirmations positives
Je ne suis pas du matin.	*La façon dont je me lève le matin me permet de donner le ton à ma journée.*
Je démarre toujours tard le matin.	*Accueillir le matin m’aide à être de bonne humeur.*
Je n’ai jamais le temps le matin.	*Les matins sont magnifiques.*

▼ En quoi cette méditation peut-elle vous aider ?

Si vous êtes comme la plupart des gens, alors, lorsque votre réveil sonne le matin, soit vous appuyez sur le bouton « rappel », soit vous consultez votre téléphone, après quoi vous sortez de votre lit encore groggy et déjà stressé par la journée à venir. Votre moi intuitif sait qu’il y a d’autres façons pour accueillir la journée. Mais lesquelles ? Une astuce consiste à prendre en compte ce à quoi vous pensez en vous réveillant, car cela influence tout ce qui va se produire dans la journée (la façon dont vous vous sentez, la manière dont vous traitez les autres ou tout ce que vous entreprenez). Cet exercice peut vous aider à vous réveiller et à avancer avec gratitude tout au long de la journée.

▼ Étapes

1. Lorsque vous allez vous coucher, laissez votre smartphone dans une autre pièce ou mettez-le en mode avion. S’il vous sert de réveil, pensez plutôt à investir dans un réveil analogique peu coûteux et qui n’émette pas de lumière.
2. Lorsque le réveil sonne, éteignez-le. N’appuyez pas sur le bouton de rappel.
3. Étendez-vous sur le dos, tendez vos bras au-dessus de votre tête et étirez vos jambes tout en inspirant profondément afin de faire entrer autant d’air que possible dans vos poumons. Gardez l’air en comptant jusqu’à deux, puis expirez lentement sur huit temps.

4. Inspirez en étirant tout le côté droit de votre corps (en tirant à la fois le bras droit au-dessus de la tête et la jambe droite vers le bas). Expirez en gardant le bras et la jambe tendus. Recommencez du côté gauche.
5. Répétez ce cycle trois fois, en visualisant votre journée et en imaginant que tout va se passer comme vous le souhaitez.
6. Répétez-vous trois fois que vous pouvez maîtriser tout ce qui va se passer ce jour-là.
7. Prenez une pause et respirez deux fois profondément, tandis que vous sortez du lit, prêt à affronter la meilleure journée de votre vie.

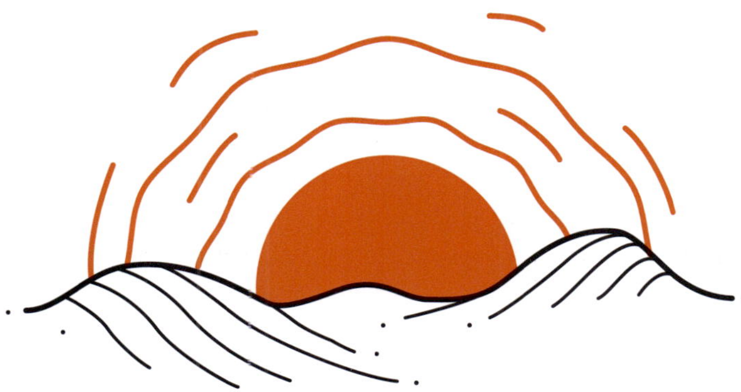

L'AMOUR INCONDITIONNEL

10 MINUTES
Visualisation

“ Pour diminuer la souffrance causée par la douleur, il faut faire la distinction essentielle entre la douleur propre à la douleur et celle que nous créons en y pensant. La peur, la colère, la culpabilité, la solitude et le désespoir sont autant de réactions émotionnelles susceptibles d’intensifier la douleur. ”
Howard Cutler

Croyances limitantes	Affirmations positives
Mon corps ne peut pas me dire ce qui ne va pas. Seul un docteur peut le faire.	*Mon corps communique ce qui est nécessaire pour m’aider à guérir.*
Mes émotions n’ont rien à voir avec mes maux et mes douleurs.	*Mon état émotionnel a une forte influence sur mon état physique.*
Je ne peux pas contrôler la douleur que je ressens dans mon corps.	*Je peux contrôler les maux et les douleurs que je ressens dans mon corps.*

▾ En quoi cette méditation peut-elle vous aider ?

Votre corps veille en permanence sur vous. Cette méditation va vous aider à mieux renouer avec votre douleur afin de trouver de meilleures méthodes de guérison.

▾ Étapes

1. Asseyez-vous dans un endroit calme et sans aucune source de distraction. Inspirez et expirez profondément trois fois de suite pour calmer votre esprit et votre corps.
2. Procédez ensuite à un lent scan corporel en concentrant votre attention sur une seule partie de votre corps à la fois. Commencez par le haut de votre tête, puis descendez au visage, aux mâchoires, au cou, aux épaules, aux bras et aux mains. Passez ensuite à la poitrine, au ventre, au bassin, aux cuisses, aux genoux, aux mollets, aux chevilles, aux pieds et, enfin, aux orteils.
3. En vous concentrant sur chaque zone, identifiez si vous ressentez des maux ou des douleurs.

4. Si vous mettez en évidence quelque chose, demandez à la douleur quel message elle a à vous délivrer et soyez ouvert à tout ce qui pourra surgir. Soyez à l'écoute. Ce pourrait être des choses que vous ne voulez pas entendre. Écoutez-les quand même. À défaut d'une écoute attentive, vous pourriez répéter les situations négatives que vous essayez de résoudre.

5. Chaque fois que vous recevez une réponse, demandez à recevoir un nouveau message afin d'aller plus en profondeur. Vous devrez retirer de nombreuses couches avant de parvenir à l'essence de l'émotion.

6. Vous saurez que vous êtes arrivé à son cœur, lorsque vous sentirez que la réponse est de satisfaire l'amour inconditionnel. Ressentez l'amour qui traverse tout votre corps. Sachez que cet amour est toujours là, à votre disposition, quand vous en avez besoin. Cet amour est une source de votre guérison.

LA MÉDITATION POUR SOULAGER LA DOULEUR

5 MINUTES

Visualisation

“ Si vous voulez vaincre l’anxiété dans votre vie, vivez dans l’instant, vivez dans chaque souffle. ”
Amit Ray

Croyances limitantes	Affirmations positives
Les antidouleurs sont la seule chose qui fonctionne pour me soulager.	*Je soigne ma santé.*
Je ne veux pas me concentrer sur ma douleur.	*Accepter la douleur est la première étape pour la soulager.*
Je n’ai pas le temps de méditer.	*La méditation peut vous aider à identifier le problème fondamental.*

▼ En quoi cette méditation peut-elle vous aider ?

De nombreuses personnes qui souffrent de maux chroniques sont inconsciemment attachées à « leur douleur ». Aussi paradoxal soit-il, c’est l’une des raisons pour lesquelles la douleur est chronique. La méditation centrée sur la respiration permet à ce type de malades de parvenir à se détacher de leurs pensées et de leurs émotions. Grâce à la méditation et à la pratique de la pleine conscience, avec de la curiosité (et non de l’attachement), vous pourrez identifier chacune des pensées qui traversent votre esprit, reconnaître plus facilement les schémas de pensées négatives et y être moins réactif. Bien que la méditation puisse avoir des vertus réellement curatives, ce n’est pas pour autant une pilule magique que vous prenez une ou deux fois pour guérir d’un seul coup tous vos maux. Les étapes qui suivent vous aideront à vous initier à la pratique de ces exercices réguliers.

▼ Étapes

1. Prenez cinq minutes de votre temps. Même si vous avez déjà un créneau établi pour vos exercices, il est bon de prendre cinq minutes en dehors du planning habituel pour vous asseoir, respirer et être pleinement présent.

2. Pendant ces cinq minutes, asseyez-vous où vous souhaitez. Fermez les yeux, détendez-vous (en particulier votre visage et vos mâchoires) et ressentez votre respiration ainsi que toute autre sensation dans votre corps. Notez tous les sons ou toutes les odeurs. Relevez vos pensées inhabituelles ou que vous essayez de chasser de votre esprit. Gardez-les en tête.
3. Observez tout cela sans porter de jugement. Tout ce qui vous entoure « est » simplement, tant que vous n'avez pas créé d'histoire à partir de cela. Ne souhaitez pas que les maux et les douleurs s'en aillent. Soyez objectivement curieux à leur égard.
4. Lorsque vous commencez à penser au passé ou au futur ou à tout ce que vous devez faire, contentez-vous de noter cette tendance et revenez doucement à l'instant présent. Compter vos inspirations et vos expirations peut vous aider à vous ancrer dans le moment.
5. Effectuez, lentement, un scan corporel de la tête aux pieds et constatez toutes les sensations que vous ignorez habituellement. Ayez de la curiosité pour elles.
6. Terminez cette méditation en respirant profondément : inspirez sur quatre temps, faites une pause, puis expirez sur huit temps. Répétez cette séquence trois fois.
7. Notez les sensations dans votre corps. Si vous ne relevez aucune différence, cela ne pose pas de problème. Remerciez votre corps de communiquer avec vous et dites-lui que vous reprendrez cette exploration pour le découvrir plus en profondeur.

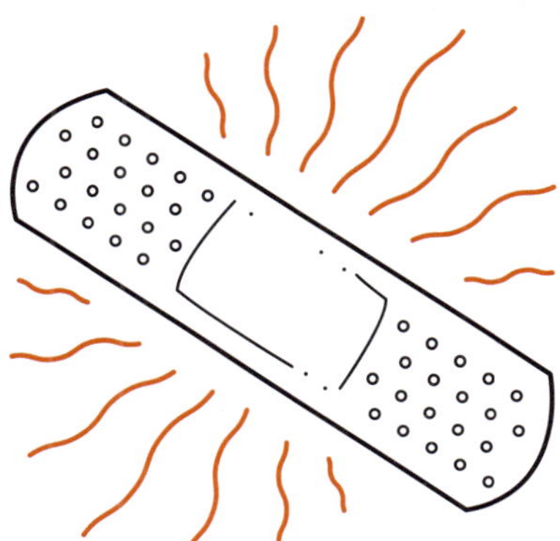

RICHESSE ET ABONDANCE

La richesse financière et la notion de succès sont des facteurs de motivation pour de nombreuses personnes. En effet, nous avons tous besoin d'argent pour payer nos factures et pour acheter des biens de première nécessité, et nous apprécions tous de pouvoir nous offrir des vacances bien méritées et d'économiser pour l'avenir. Cependant, une vie davantage guidée par la consommation que par le désir intrinsèque débouche invariablement sur de la déception.

En réalité, de nombreux messages circulant dans notre société nous poussent à courir après les rêves de quelqu'un autre. Vous êtes-vous déjà arrêté pour vous demander si vous pourchassiez bien vos propres rêves ? Pouvez-vous les identifier ? Est-ce l'argent qui vous permettra de les atteindre ?

Ce chapitre vous présente un grand nombre de méditations et d'exercices pour vous permettre d'aborder en pleine conscience vos choix et les désirs qui les influencent. Ainsi, vous comprendrez clairement les raisons de votre situation financière actuelle et ce que vous pouvez faire pour l'améliorer.

La triste vérité est que la plupart des gens qui gagnent au loto ou qui héritent d'une grosse somme d'argent se retrouvent rapidement, après cette brusque augmentation de revenus, dans leur situation initiale, pour la bonne et simple raison qu'ils n'ont pas eu le temps d'analyser les habitudes et les désirs sous-jacents qui les dirigent.

Prendre le temps de mieux comprendre ce que le « succès »

signifie pour vous au sens large permet d'étendre votre définition de la richesse et de renforcer la connaissance de vos schémas financiers. Comprendre les moteurs émotionnels qui se cachent derrière les dépenses et l'épargne peut vous aider à satisfaire vos besoins plus efficacement.

Comme ce livre traite des sujets de la loi de l'attraction et de la pleine conscience, les questions d'épargne ou de budget ne seront pas abordées ici. Dans les pages qui suivent, vous trouverez des outils afin de mieux comprendre pourquoi les autres stratégies n'ont peut-être pas fonctionné pour vous par le passé. Nous changerons notre centre d'intérêt et passerons de la volonté d'obtenir plus d'argent à la prise de conscience et au désir de cultiver les domaines de notre vie qui sont déjà abondants. En exprimant de la gratitude pour l'abondance déjà présente, nous nous concentrons davantage sur ce que nous voulons vraiment, afin de l'attirer dans notre vie.

LE SENS PROFOND DE L'ARGENT

30 MINUTES

Exercice de pleine conscience

“ Les racines du bonheur se trouvent dans notre esprit ; les circonstances ne sont que contraires ou favorables. ”
Matthieu Ricard

Croyances limitantes	Affirmations positives
Je n'aurai jamais de succès.	*Je détermine mon propre succès.*
Je n'aurai jamais suffisamment d'argent.	*Mon bonheur ne dépend pas de mon argent.*
Je n'ai pas de chance avec l'argent.	*Le véritable succès n'a rien à voir avec l'argent.*

▾ En quoi cette méditation peut-elle vous aider ?

De nombreuses personnes passent toute leur vie dans un même emploi, à poursuivre une carrière ou à se retrouver dans une situation tout en sachant qu'elle est mauvaise, uniquement parce que la société, leurs amis ou leurs familles leur assurent que cette sécurité apparente les rendra heureuses. Ces gens-là ne bougent pas et se retrouvent alors à se demander pourquoi ils ne sont pas heureux. C'est le cas d'un individu qui n'est jamais satisfait de sa situation, change régulièrement d'emploi ou négocie en permanence son bonheur avec de l'argent.

Dans chacun de ces cas, le problème est que la personne n'a pas défini ce que « richesse » ou « succès » signifiait pour elle. Quels que soient nos revenus, nous avons tous des cadeaux uniques à offrir au monde. Or, si nous n'en avons pas conscience, il est alors difficile de se sentir comblé.

Cette méditation a pour but de vous aider à définir les notions de « richesse » et de « succès » en leur donnant du sens pour vous. Elle vise à déplacer l'attention de l'argent (le produit) vers la signification (l'apport). Ici, nous considérerons le succès comme étant un chemin plutôt qu'une destination et nous passerons de la notion d'avoir à celle d'être.

▾ Étapes

1. Trouvez un endroit calme où vous pouvez vous concentrer. Placez vos mains sur vos cuisses et fermez les yeux. Inspirez profondément par le nez, afin de remplir complètement vos poumons et de dynamiser votre corps et votre esprit. Faites une pause, puis expirez lentement.

2. Effectuez dix respirations profondes de plus, en remplissant complètement vos poumons, puis en expirant pour les vider intégralement. Commencez en inspirant sur huit temps, puis expirez sur huit temps. Augmentez la vitesse à chaque respiration : pour la respiration suivante, inspirez puis expirez sur sept temps, et ainsi de suite.
3. À la fin, inspirez et expirez normalement.
4. Visualisez en détail chacun des aspects d'une journée normale idéale. Pas une journée avec un « événement spécial », mais une journée classique. Égrenez cette journée minute après minute. Assurez-vous de visualiser et de ressentir ce que vous aimez vraiment, pas ce que vous pensez devoir faire ou avoir. Écrivez les réponses aux questions qui vous parlent.

- Où vous réveillez-vous ?
- Comment vous sentez-vous au réveil ?
- Qui est avec vous ?
- Que faites-vous en premier ? Que faites-vous juste après ?
- Où est votre maison ? Que voyez-vous par la fenêtre et en sortant de chez vous ? Comment vous sentez-vous chez vous ?
- Quel type de déplacement effectuez-vous au quotidien ? Comment vous sentez-vous alors ?
- Que mangez-vous dans la journée ?
- Que faites-vous de votre temps chaque jour ?
- Que faites-vous pour gagner de l'argent ? En quoi est-ce en accord avec vos valeurs ?
- Avec qui passez-vous votre temps ? Comment vous sentez-vous dans ces relations ?
- Que faites-vous pour vous détendre ?
- Comment terminez-vous votre journée ?

5. Si vous viviez ainsi chaque jour vous sentiriez-vous performant ? Vous sentiriez-vous riche ? Si la réponse est non, que pourriez-vous changer ?
6. Lorsque vous êtes satisfait de la vision que vous avez de votre journée dans son intégralité, écrivez-la du début à la fin et placez la feuille (ou faites des copies de votre cahier) bien en vue à plusieurs endroits.

7. Chaque jour, asseyez-vous au calme, dans un lieu où vous pouvez vous concentrer. Inspirez et expirez quelques fois profondément et lisez ce que vous avez écrit, afin de garder cette vision à l'esprit. Ressentez ce que cela fait de vivre ainsi. Cela incitera votre subconscient à trouver des moyens pour faire que vos journées ressemblent à celles de votre vision.

CRÉEZ DES CROYANCES STIMULANTES

30 MINUTES

Exercice de pleine conscience

“ Que vous pensiez être capable ou ne pas être capable, dans les deux cas, vous avez raison. ”
Henry Ford

Croyances limitantes	Affirmations positives
Je ne suis digne de rien.	*Je suis digne de recevoir tous ces bienfaits.*
Je n'ai pas travaillé suffisamment.	*Mon mérite n'est pas déterminé par l'argent que je gagne.*
Je ne le mérite pas.	*Mon mérite est lié à la valeur que je lui donne.*

▼ En quoi cette méditation peut-elle vous aider ?

Il est important de noter qu'en matière de rémunération et d'égalité salariale, de véritables facteurs systémiques entrent en jeu (croire en votre valeur ne va pas changer les préjugés). Cependant, lorsque le but est d'atteindre le niveau de réussite que vous désirez, examiner en profondeur vos croyances limitantes peut vous aider à identifier les moments où vous avez tendance à entraver votre propre chemin. Même si vous êtes focalisé sur vos finances, changer une croyance limitante du type « Je ne me suffis pas à moi-même » aura des effets positifs en cascade dans tous les domaines de votre vie.

▼ Étapes

1. Trouvez un endroit calme où vous pouvez vous concentrer. Inspirez et expirez profondément par le nez, tout en commençant un lent scan corporel depuis le haut de la tête jusqu'à la pointe des orteils, et identifiez toutes les sensations qui jaillissent. Notez les endroits où vous ressentez une tension involontaire et aussi ceux où vous vous sentez détendu.

2. Pensez maintenant à vos croyances à propos de l'argent (revenus, investissements, épargne et dépenses). Remontez jusqu'à votre enfance et pensez à ce que vous avez appris de vos parents, vos amis, vos enseignants et d'autres adultes qui ont eu une influence sur vous durant vos années formatrices. Qu'avez-vous alors régulièrement observé et entendu ? Écrivez tout ce dont vous pouvez vous souvenir.

3. De toutes les croyances qui ont traversé votre esprit, laquelle aurait l'impact le plus important si vous en changiez demain ?

4. Prenez en considération pourquoi il est tellement important pour vous de changer cette croyance et de vous libérer de la honte ou du jugement qui sont liés à cette croyance. Mieux comprendre le « pourquoi » permettra de rendre ce changement durable.

5. Redéfinissez cette croyance pour qu'elle soit plus inclusive, plus stimulante et plus positive. Écrivez-la.

6. Visualisez votre vie en détail une fois que vous aurez remplacé votre ancienne croyance par la nouvelle. Qu'est-ce qui est désormais possible pour vous ?

7. À la fin de chaque journée, écrivez une à trois choses (petites ou grandes) que vous ferez le lendemain pour réfuter l'ancienne croyance et renforcer la nouvelle. Ainsi, vous vous approcherez de la vie que vous envisagez.

8. Le jour suivant, accomplissez aussi vite que possible ce que vous avez écrit la veille au soir. L'action est incroyablement puissante : rien d'autre ne renforcera plus puissamment ce que vous êtes capable de faire.

FAITES UNE PAUSE AVANT D'ACHETER

2 MINUTES

Visualisation

“ La pleine conscience signifie être éveillé. Cela signifie savoir ce que vous faites.”
Jon Kabat-Zinn

Croyances limitantes	Affirmations positives
L'argent file entre mes doigts.	*Suivre mes dépenses m'amène à un degré de conscience où je parviens à prendre de meilleures décisions.*
Je ne sais pas tenir un budget.	*Les budgets m'aident à concentrer mes dépenses sur ce qui est le plus important pour moi.*
Qui a le temps de savoir précisément où chaque sou passe ?	*Plus je suis conscient de mes habitudes de dépenses, plus je me sens libre.*

▼ En quoi cette méditation peut-elle vous aider ?

Sans savoir où va notre argent ni pourquoi il est dépensé de la sorte, les changements dans le domaine financier deviennent beaucoup plus difficiles. Cet exercice a été construit pour vous aider à comprendre les pensées et les émotions qui dictent vos achats.

Rappelez-vous que cet exercice n'a pas pour finalité l'établissement d'un budget, mais la prise de conscience des dépenses. Si cet exercice va vous permettre de comprendre la raison pour laquelle votre argent s'envole, il vous aidera également à apprécier ce que vous avez déjà.

▼ Étapes

1. Pendant la journée, chaque fois que vous allez dépenser de l'argent (même la plus petite somme), faites une pause.

2. Avant d'effectuer votre achat, fermez les yeux et respirez profondément en inspirant chaque fois sur quatre temps et en expirant sur huit temps. Prenez en considération les raisons de votre achat et comment vous vous sentez à cet instant. Rappelez-vous que vous devez vous libérer de tout jugement. Vous ne devez faire que des constats.

3. Pouvez-vous identifier des tendances dans vos dépenses ? Par exemple, vos achats vous servent-ils de « remontant », pour vous aider à tenir le coup ? Êtes-vous enclin à dépenser davantage certains jours de la semaine ou à certaines heures de la journée ? Existe-t-il des situations dans lesquelles vous ressentez un besoin irrépressible de dépenser de l'argent ?
4. Notez les schémas qui sont liés à différents états émotionnels. Dépensez-vous plus ou moins d'argent lorsque vous êtes heureux, triste, déprimé, anxieux ou agité ?
5. Remarquez toute l'abondance que vous possédez actuellement et qui vous permet de vous réconforter et de vous récompenser (quelle que soit son importance).
6. Prenez un moment pour éprouver de la gratitude envers votre capacité à dépenser de l'argent pour vous-même.

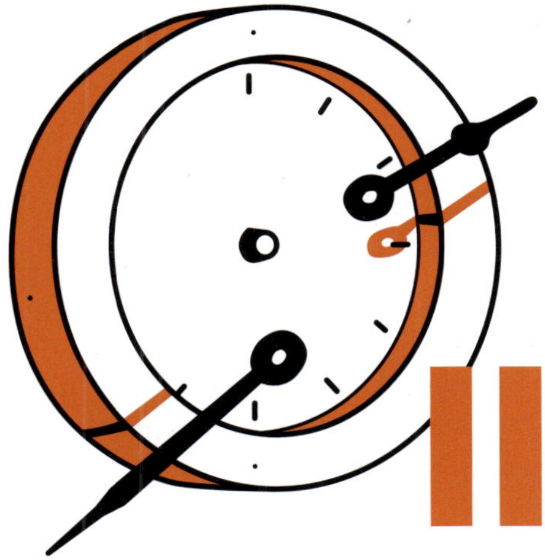

DES DÉPENSES FONDÉES SUR LES VALEURS

5 MINUTES

Exercice de pleine conscience

“ Je crois que vous découvrirez, lorsque la mort viendra, que tout l’argent que vous avez amassé ne rachètera jamais votre âme. ”
Bob Dylan

Croyances limitantes	Affirmations positives
Les gens avec de l’argent n’ont pas de valeurs.	*Peu importe combien j’ai d’argent, je peux être mesuré dans mes achats.*
Je dépense mon argent pour des choses utiles et amusantes. Cela n’a rien à voir avec les valeurs.	*Dépenser de l’argent, c’est investir sur des choses qui ont une signification pour moi et pour ceux que j’aime.*
L’argent est juste un moyen pour arriver à une fin.	*L’argent est le reflet de mon énergie vitale. Je le dépense à bon escient.*

▼ En quoi cette méditation peut-elle vous aider ?

Nos corps sont dotés d’une intelligence intérieure qui peut nous aider à prendre des décisions en adéquation avec nos valeurs fondamentales. Lorsque nous agissons en accord avec celles-ci, nos corps confirment que nos actions nous sont bénéfiques et nous envoient des signaux positifs, tels qu’un sentiment de détente dans le ventre ou une sensation d’ouverture dans le cœur ou dans la poitrine. Lorsque nous prenons des mesures qui ne sont pas alignées avec nos valeurs fondamentales (en essayant, par exemple, d’acheter le bonheur au travers de choses que nous n’apprécions pas particulièrement), les dépenses semblent vaines. Nos corps y répondent par une sensation de creux dans le ventre ou d’oppression dans la poitrine. Lorsque nous utilisons notre argent pour soutenir nos valeurs fondamentales, nous tirons plus de bonheur et donnons plus de sens aux sommes que nous déboursons. Cette méditation a pour but de vous aider à comprendre en quoi vos dépenses actuelles sont en adéquation – ou non – avec vos valeurs.

▼ Étapes

1. Asseyez-vous confortablement et fermez les yeux. Inspirez et expirez profondément cinq fois de suite, afin de vider votre esprit. Détendez votre visage, vos mâchoires, vos épaules et votre dos. Pensez à une dépense effectuée la semaine passée.

2. La décririez-vous comme ayant été « agréable », « une perte d'argent » ou « neutre » ? Avant de formuler votre réponse, identifiez les sensations dans votre corps. Ressentez-vous de la détente (« agréable »), une tension (« une perte d'argent ») ou un sentiment intermédiaire (« neutre ») ?

3. Écrivez votre réponse.

4. Si vous décrivez votre dépense comme étant une « perte d'argent », cherchez à comprendre pourquoi. En quoi était-elle alignée ou non avec vos valeurs ? Allez-vous continuer à faire ce genre de dépense ? S'il s'agit d'une dépense incompressible (par exemple, une assurance), existent-ils d'autres moyens pour couvrir ce besoin ou pour dépenser moins ? Soyez créatif. Moins vous dépenserez pour des choses de cette catégorie, plus vous aurez d'argent pour les dépenses amusantes.

5. Si vous décrivez votre dépense comme étant « neutre », voyez si vous parvenez à la mettre dans l'une des deux autres catégories. Peut-être que la facture d'électricité vous semble neutre jusqu'à ce que vous l'ayez considérée à un sens plus large. Si la source de votre électricité provient d'une centrale au charbon et que vous êtes écologiste, vous pourriez la classer alors dans la catégorie « perte d'argent » et chercher à investir dans une source alternative. Si vous considérez l'électricité comme l'énergie qui fait fonctionner tous vos accessoires indispensables (tels que l'ordinateur, le téléphone, l'électroménager, etc.), alors elle pourrait entrer dans la catégorie des dépenses « agréables ».

6. Si vous décrivez votre dépense comme étant « agréable », est-ce que cette impression perdure ? Parfois, ce qui semblait initialement bon finit par générer un sentiment de regret ou de culpabilité. C'est alors le signe que la dépense n'était pas alignée avec vos valeurs. Considérez comment elle soutient vos valeurs. Pourquoi cette dépense est-elle agréable ? Comment pourriez-vous dépenser un peu moins sur ce type de choses sans rien enlever à leur contribution à vos valeurs et à votre bonheur ?

ÉCOUTEZ LES SIGNAUX CORPORELS

2 MINUTES
Visualisation

“ Avoir de la patience est l’une des choses les plus difficiles pour l’être humain. Nous voulons en avoir et nous ne voulons pas attendre. [Mais] il arrive parfois que nous passions à côté de notre vœu lorsque nous précipitons les choses. ”
Deontay Wilder

Croyances limitantes	Affirmations positives
Je dois avoir cela maintenant.	*C’est incroyable combien, un jour ou deux plus tard, j’ai pu oublier des achats que je jugeais « essentiels ».*
Attendre ne me fera pas changer d’avis.	*Prendre le temps de décider pour un achat m’aide à faire des choix satisfaisants.*
Attendre me prend la tête.	*Si je veux réellement cette chose, elle sera encore là pour moi plus tard.*

▼ En quoi cette méditation peut-elle vous aider ?

Nous sommes habitués à la satisfaction immédiate. Après avoir cliqué et acheté, nous nous demandons souvent comment nous avons pu acheter tant de choses inutiles ou pourquoi nous avons passé autant de temps à regarder les pages Facebook ou Instagram d’une relation – alors que cela semblait si important sur le moment. Cette méditation permet d’utiliser la pleine conscience pour court-circuiter le processus de satisfaction instantanée et d’apporter de l’intentionnalité dans les activités qui sont susceptibles de contribuer sur le long terme à votre santé émotionnelle et financière.

▼ Étapes

1. La prochaine fois que vous envisagez de dépenser de l’argent (ou de faire défiler indéfiniment des pages internet), faites une pause et respirez profondément trois fois de suite.

2. Entrez en connexion avec les sensations dans votre corps. Ressentez-vous une tension ? Une résistance ? Écoutez les signaux de votre corps.

3. Au lieu d'effectuer l'achat, dites-vous que vous allez attendre une journée avant de prendre la décision. Inspirez et expirez de nouveau profondément, et quittez l'endroit où la transaction d'achat devait avoir lieu.

4. Concentrez-vous de nouveau sur les sensations dans votre corps. Que ressentez-vous ?

5. Faites le point avec vous-même, le lendemain. Votre relation à l'article ou à ce que vous désiriez acheter a-t-elle changé ?

6. Identifiez la première émotion que vous avez ressentie lorsque vous avez envisagé cet achat (peut-être de la joie ou de l'excitation). Pensez à trois activités qui procurent la même émotion.

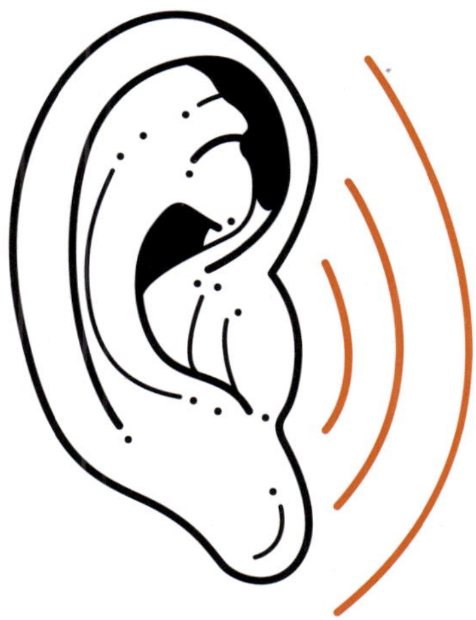

LA PERMISSION DE COMBLER VOTRE VIE

5 MINUTES

Exercice de pleine conscience

“ Il n’y a pas d’investissement plus rentable que d’investir dans vous-même [...] C’est le véritable moyen de vous parfaire pour être la meilleure version de vous-même et de mieux servir ceux qui vous entourent. ”
Roy T. Bennett

Croyances limitantes	Affirmations positives
Il est égoïste de dépenser de l’argent pour soi-même.	*Tout le monde mérite de se faire plaisir.*
Je ne peux pas me le permettre maintenant.	*Dépenser de l’argent pour ma santé mentale ou physique peut améliorer mon bonheur à long terme.*
Je veux juste dépenser de l’argent pour des choses concrètes.	*Travailler avec un guide peut m’aider à être meilleur pour les autres.*

▼ En quoi cette méditation peut-elle vous aider ?

Aborder vos finances en pleine conscience revient à faire une pause pour considérer l’impact de chaque dépense sur vos objectifs immédiats, à moyen et long termes. En effet, il devient plus facile d’éviter les achats d’impulsion en se rendant compte que le dernier gadget à la mode ne va pas vous procurer un bonheur à long terme, ni vous permettre d’atteindre vos intentions les plus immédiates. Plutôt que de considérer votre hésitation comme un sacrifice, cette approche deviendra un moyen de rediriger cette énergie vers des investissements qui vous combleront sur le long terme. Avec cet exercice, vous allez vous autoriser à investir dans des choses qui vous satisfont vraiment.

▼ Étapes

1. La prochaine fois que vous serez sur le point d’effectuer une dépense, faites une pause et demandez-vous en quoi elle est en adéquation avec vos valeurs. Cela peut vous sembler être une « grande » question, mais le but est de vous aider à vous concentrer sur les conséquences à long terme de vos choix (le moindre choix que vous faites chaque jour détermine votre futur).

2. En prenant l'habitude de vous questionner ainsi à propos de vos dépenses (petites ou importantes), vous développerez une meilleure compréhension de ce qui contribue réellement à votre bonheur global.

3. Autorisez-vous à investir dans vous-même. Si vous avez le sentiment que la participation à une conférence ou un séminaire est « trop coûteuse », prenez en considération les bénéfices sur le long terme que vous récolteriez en y assistant (comme la capacité de gagner plus d'argent) et qui pourraient compenser la dépense à court terme.

4. Évaluez à quel point investir dans votre bien-être peut améliorer votre santé physique et émotionnelle à court et à long terme. Écrivez cinq choses qui contribuent à votre réussite immédiate, à moyen ou à long terme (votre investissement doit cocher toutes les cases et être réellement aligné avec toutes vos valeurs fondamentales !).

LA MÉDITATION DU BONHEUR

5 MINUTES

Interconnexion

“ La richesse ne consiste pas à avoir de grandes possessions, mais à avoir peu de besoins. ”
Épictète

Croyances limitantes	Affirmations positives
Seuls les gens riches sont réellement heureux.	*Le bonheur vient de l'intérieur.*
Je serai heureux lorsque je gagnerai xxxx euros.	*Le bonheur est un choix.*
Le vrai bonheur est impossible à atteindre.	*Je peux me connecter avec mon bonheur intérieur à n'importe quel moment.*

▼ En quoi cette méditation peut-elle vous aider ?

La pleine conscience est un outil fantastique pour examiner ce que le bonheur signifie pour vous. Le bonheur n'est pas un concept insaisissable et éphémère qui ne se manifeste que lorsque les choses vont comme vous le souhaitez. Le bonheur est toujours à l'intérieur de vous, souvent enfoui sous les pensées et les émotions, et il attend qu'on le remarque. Un autre mot pour exprimer ce type de bonheur est le « contentement ».

Inutile que quelque chose vienne troubler votre vie pour que vous commenciez à vous concentrer sur votre bonheur, car ce dernier ne dépend ni des choses qui sont censées être d'une certaine façon, ni d'un achat précis. Lorsque vous êtes focalisé sur un certain résultat, revenez à cette méditation pour trouver votre bonheur à n'importe quel moment.

▼ Étapes

1. Isolez-vous dans un endroit calme et asseyez-vous. Concentrez-vous sur votre respiration profonde. Inspirez sur quatre temps et expirez sur huit temps, cinq fois de suite.

2. Afin de vous ancrer pleinement dans l'instant présent, dites-vous lentement : « Sois présent, là, maintenant ».

3. Alors que vous détendez votre corps, visualisez une lumière brillante qui commence à s'allumer dans votre cœur. Elle grandit à chaque expiration : ressentez sa chaleur vous envelopper. Ressentez tout l'amour qu'elle donne à tout ce qu'elle touche.
4. Visualisez la lumière en train de chasser toutes vos émotions et pensées négatives. Sentez combien elle allège votre cœur.
5. En respirant, sentez la lumière diffuser une sensation d'apesanteur dans tout votre corps.
6. Vous et votre bonheur êtes cette lumière. Vous avez la capacité de vous débarrasser de tout ce qui se met à n'importe quel moment entre vous et votre bonheur. Votre lumière est toujours à l'intérieur de vous.

NOUVELLES HISTOIRES

5 MINUTES
Visualisation

“ La pénurie de valeurs personnelles ne peut être corrigée avec de l’argent, de la reconnaissance, de l’affection, de l’attention ou de l’influence. ”
Gary Zukav

Croyances limitantes	Affirmations positives
Je ne peux pas me permettre d’économiser.	*Je peux changer mes scénarios en rapport avec l’argent.*
Je ne peux pas me permettre de faire de beaux cadeaux.	*Tout le monde peut se permettre d’être généreux.*
Tout ce qui me rend heureux a un coût.	*Les choses qui contribuent à accroître mon bonheur n’ont pas besoin de coûter cher.*

▼ En quoi cette méditation peut-elle vous aider ?

Notre situation financière est le reflet des histoires que nous nous racontons à propos de l’argent. Ce sont ces histoires qui dictent ensuite notre rapport à l’argent. Que nos actions se manifestent sous la forme d’une réponse rapide ou habituelle, elles sont mues par nos croyances. Or, la pleine conscience est un outil que nous pouvons utiliser pour briser ce processus. En devenant davantage conscients des histoires qui dictent nos actions, nous prenons plus de pouvoir dans le cycle de nos dépenses. L’exercice qui suit se concentre sur le fait de ralentir les choses pour prendre conscience des impulsions qui dictent vos conduites. L’objectif n’est pas uniquement de réexaminer votre comportement, mais aussi de changer vos croyances.

▼ Étapes

1. Le temps d’une journée, prenez un moment pour identifier les sentiments qui vous animent juste avant d’engager votre monnaie énergétique (l’argent) dans un achat. Posez-vous des questions telles que :

◊ Comment est-ce que je me sens, là, maintenant ?
◊ Suis-je en train de combler un véritable besoin ?

◊ Comment me sentirai-je à propos de cet achat demain, la semaine prochaine, l'an prochain ?

◊ Cet achat m'empêche-t-il d'atteindre d'autres objectifs ?

◊ Puis-je attendre pour effectuer cet achat ?

2. Au moins une fois dans la journée, choisissez de dépenser votre argent autrement que d'habitude. Pouvez-vous boire votre café à la maison plutôt qu'au bistro ? Pourquoi ne pas inscrire ce pull-over sur une liste de souhaits au lieu de l'acheter sur une impulsion ? Créer de nouvelles habitudes, c'est aussi vous donner la permission de dépenser l'argent pour vous-même.

3. Pour les articles de première nécessité, tels que des produits alimentaires, évitez d'utiliser une carte de crédit ou tout autre moyen de paiement électronique. Payez uniquement en espèces. L'idée est de vous reconnecter au concept de monnaie. Le fait de compter des billets ou des pièces vous permet d'être plus conscient de ce que les choses coûtent et de la façon dont elles sont liées à l'énergie vitale que vous déployez pour gagner cet argent.

4. À la fin de la journée, constatez si vous avez dépensé moins d'argent et, si tel est le cas, quelle somme. Notez surtout comment vous vous sentez, quelles sont vos croyances à propos de l'argent et de vos finances au terme de cette journée.

ALIGNEZ VOS VALEURS ET VOS REVENUS

30 MINUTES

Exercice de pleine conscience

« Ne croyez pas que l'argent fait tout ou vous finirez par tout faire pour l'argent. »
Voltaire

Croyances limitantes	Affirmations positives
Le job ne compte pas, du moment qu'il paye bien.	*Mon travail est l'expression de mon objectif de vie et de mes valeurs.*
Je peux être heureux en faisant n'importe quel job.	*Je suis plus heureux lorsque mon travail s'aligne avec mes valeurs.*
Je ne peux pas me permettre de prendre en considération mes valeurs lorsqu'il s'agit de trouver un travail.	*Je peux être souple sur le salaire tant que je vis en harmonie avec mes valeurs.*

▼ En quoi cette méditation peut-elle vous aider ?

De nombreuses raisons peuvent justifier le fait de nous retrouver dans un emploi qui ne soit pas aligné avec nos valeurs – et sans doute le salaire est-il la première de ces raisons. Pour ceux qui sont sans emploi, une immense pression les pousse à accepter le premier poste qui se présente. Quel que soit le motif, si nous investissons notre énergie sans être en harmonie avec nos valeurs, nous créons un malaise dans notre esprit et dans notre corps. Cette méditation a pour objectif de vous aider à dépasser les notions de salaires, de bénéfices et de satisfaction immédiate d'un revenu régulier. Elle vous pousse (dans le respect de vos capacités et des circonstances dans lesquelles vous vous trouvez) vers une situation dans laquelle votre énergie et vos valeurs s'alignent.

▼ Étapes

1. Asseyez-vous au calme et fermez les yeux.

2. Trois fois de suite, respirez profondément en inspirant sur quatre temps, en retenant votre respiration sur deux temps, puis en expirant sur huit temps.

3. Pensez à vos valeurs. Lesquelles souhaitez-vous attirer dans votre vie ? Écrivez-les.

4. Connectez vos valeurs avec vos compétences et vos passions. Que faites-vous bien ? Parmi ce qui vous passionne, notez ce qui pourrait soutenir vos valeurs.
5. Visualisez-vous en train d'accomplir ces choses. Comment vous sentez-vous en réalisant ce type de tâches ? Est-ce que cela ressemble à du travail ?
6. Alors que vous vous voyez en train de travailler, visualisez où vous pourriez effectuer ce travail. Dans quel environnement vous trouvez-vous ? Quelles sont les personnes qui travaillent avec vous ? Comment ces choses contribuent-elles à votre état mental, physique et émotionnel ?
7. Inspirez profondément de sorte à inhaler tous les sentiments que cet exercice de pensée a créés. Autorisez-les à naviguer dans votre corps. Faites une pause. Expirez et sachez que tout ceci est possible pour vous.

LES CADEAUX DU PRÉSENT

3 MINUTES
Visualisation

“ Vivre dans l’instant, c’est lâcher prise avec le passé et ne pas attendre le futur. Cela signifie vivre votre vie en conscience, en ressentant que chaque instant où vous respirez est un cadeau. ”
Oprah Winfrey

Croyances limitantes	Affirmations positives
Je suis trop occupé pour ralentir et être en pleine conscience.	*Je veux savourer chaque instant.*
Comment le fait de simplement ralentir peut-il changer quoi que ce soit ?	*Ralentir m’aide à m’éveiller à de nouvelles expériences.*
Si je suis physiquement présent, je suis présent.	*Être présent mentalement et physiquement me permet de voir la beauté dans chaque instant.*

▼ En quoi cette méditation peut-elle vous aider ?

Nous avons parfois l’impression que c’est seulement en nous affairant que nous parvenons à accomplir des choses valables : mais, en étant submergés de travail, nous sommes partout sauf dans l’instant présent. Or, c’est pourtant là que résident les véritables cadeaux. Cette méditation va vous aider à éclaircir votre esprit et à vous concentrer sur ce qui se produit dans l’instant présent, afin que vous puissiez changer vos vibrations et être plus ouvert au fait de recevoir.

▼ Étapes

1. La prochaine fois que vous remarquerez que vous êtes en pleine activité, que vous vous sentez stressé ou que vous êtes incapable de vous concentrer, arrêtez-vous et faites une pause (là où vous vous trouvez). Fermez les yeux et effectuez trois respirations profondes. En inspirant, sentez vos poumons se remplir d’air. Marquez une pause de deux secondes à la fin de votre inspiration. Expirez lentement sur huit temps.
2. Dites-vous lentement : « Sois présent, là, maintenant. »

3. Faites un scan corporel en commençant par le haut de votre tête et en descendant jusqu'à vos orteils : prenez soin de relever toutes les sensations. Ne les jugez pas et ne souhaitez pas non plus qu'elles disparaissent. Contentez-vous de les identifier.
4. Répétez les étapes 1 à 3 aussi longtemps que nécessaire pour calmer vos pensées.
5. Inspirez de nouveau profondément tout en ouvrant les yeux.
6. Notez chaque aspect de ce qui se trouve en face de vous. Que voyez-vous ? Quels sont les odeurs, les bruits, les goûts ?
7. Exprimez de la gratitude pour ce que vous remarquez. Pouvez-vous identifier plus d'un cadeau aujourd'hui ?

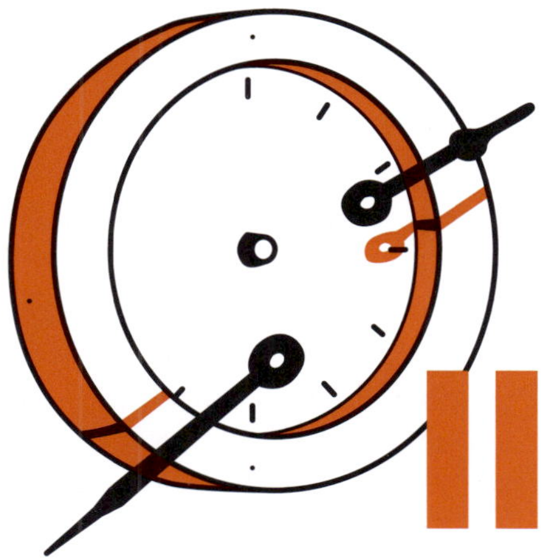

LES PLAISIRS SIMPLES

5 MINUTES

Interconnexion

“ Les choses simples sont les plus extraordinaires et seuls les sages parviennent à les voir. ”
Paulo Coehlo

Croyances limitantes	Affirmations positives
Je n'ai jamais assez.	*Ma vie est pleine d'abondance.*
J'ai une vie tellement monotone.	*Je vis entouré de beauté et de plaisir.*
Je n'ai pas grand-chose dont je pourrais être reconnaissant.	*Ma gratitude est infinie.*

▼ En quoi cette méditation peut-elle vous aider ?

Avec les réseaux sociaux et la publicité qui nous matraquent de messages pour nous pousser à faire et avoir plus pour être plus, il est difficile d'avoir le sentiment que ce que nous faisons et ce que nous avons suffisent. C'est un peu comme si les plaisirs simples de la vie étaient insignifiants ou plus vraiment dignes d'intérêt. De fait, nous courons toujours après plus et nous ne voyons pas toute l'abondance qui nous entoure. Cette méditation a pour but de ralentir et de prendre conscience que vous êtes beaucoup plus riche que vous ne le pensez.

▼ Étapes

1. Asseyez-vous confortablement et fermez les yeux.
2. Dynamisez votre corps en inspirant sur huit temps. Ressentez la fraîcheur de l'air qui passe par votre nez. Faites une pause à la fin de l'inspiration, puis expirez sur huit temps, en chassant tout l'air de vos poumons.
3. Répétez cette respiration cinq fois.
4. Exprimez de la gratitude pour être capable de respirer librement et profondément.
5. Faites le point sur votre journée, depuis le moment où vous vous êtes levé. Maintenant, rejouez toute la journée au ralenti et identifiez les plaisirs simples à côté desquels vous avez pu passer. Cela peut être un magnifique lever de soleil, le lit confortable dans lequel vous avez dormi, une douche chaude, ce que vous buvez

le matin, le bonjour que vous adressez aux gens qui vous aiment, la nourriture qui vous rassasie, quelqu'un qui vous sourit, une scène inspirante, ceux qui cuisinent pour vous ou même ceux qui ont arrosé, cueilli et transporté les aliments qui sont dans votre assiette... La liste est infinie.

6. En considérant chacun de ces instants, exprimez de la gratitude pour les plaisirs simples dans votre vie. Cette pratique vous permet de voir l'abondance qui est toujours là.

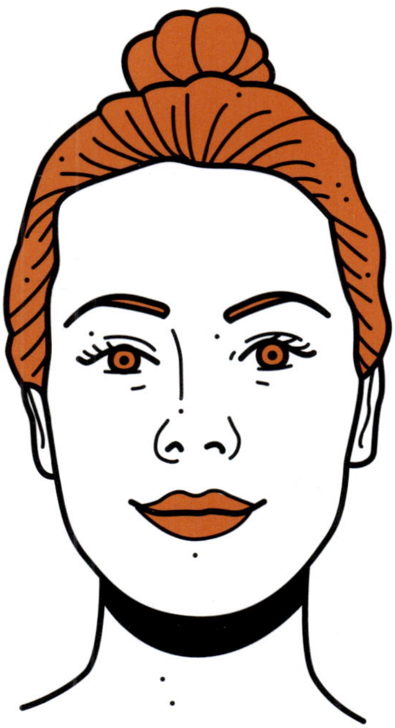

BRISEZ LE CYCLE DU DÉSIR MATÉRIEL

10 MINUTES
Visualisation

“ La racine de la souffrance est l’attachement. ”
Bouddha

Croyances limitantes	Affirmations positives
Si je pouvais juste avoir ..., je serais heureux.	*L’apparence extérieure ne détermine pas le bonheur.*
Je ferai tout ce qu’il faut pour acheter ça.	*J’apprécie le fait d’équilibrer mes priorités avec mes désirs.*
Tout le monde a ... Je ne veux pas être le seul à ne pas en avoir.	*Je suis reconnaissant de la richesse de mon esprit.*

▼ En quoi cette méditation peut-elle vous aider ?

Il est très facile de se retrouver à être excité par quelque chose que nous pensons devoir posséder. Nos pensées et nos émotions nous donnent une envie irrépressible de combler ce besoin apparent. Grâce à la pleine conscience, nous pouvons modifier ce cycle et apporter davantage d’objectivité à ces pensées et à ces émotions. Lorsque nous ne sommes pas liés à nos pensées ou à nos envies matérielles, nous devenons des observateurs qui témoignent de ces impulsions. À partir de là, nous devenons capables de nous libérer des pensées qui ne sont pas en adéquation avec nos valeurs. Cette méditation vous permet de comprendre le cycle du désir matériel et de voir comment vous pouvez utiliser la pleine conscience pour diriger votre réponse.

▼ Étapes

1. Trouvez un endroit calme où vous pouvez vous concentrer. Fermez les yeux et respirez profondément plusieurs fois pour vider votre esprit.
2. Visualisez quelque chose que vous voulez acheter. En y pensant, ressentez l’excitation dans votre esprit et dans votre corps. Sentez la joie procurée par l’anticipation d’un meilleur futur.

3. Remarquez que vos pensées sont soudainement liées à l'issue, c'est-à-dire au fait de posséder cette chose. Au lieu de ressentir ce besoin irrépressible de possession, prenez de la distance par rapport à cette pensée et regardez-la en face. Vous pouvez même l'accueillir en lui disant : « Bonjour Pensée, je te vois. »

4. Écoutez cette pensée. Que vous dit-elle ? Pouvez-vous aussi créer de la distance par rapport à ces pensées additionnelles ?

5. Maintenant, avancez dans la visualisation et allez au moment où vous vous voyez en train de profiter de l'objet de votre désir. Que vous disent vos pensées après quelque temps ? Avez-vous alors envie d'autre chose ?

6. Voyez alors comment votre esprit est déjà en train de passer à la prochaine tentation et comment le cycle redémarre.

7. Répondez à la pensée de votre désir initial, comme si vous aviez déjà acheté cet objet et que vous l'aviez testé pendant quelque temps. Voulez-vous toujours faire cet achat ? En quoi la prise de distance par rapport à vos pensées et vos émotions a-t-elle changé votre perspective ?

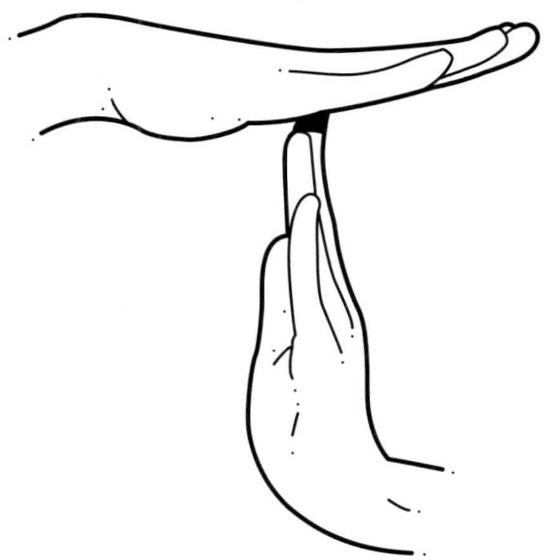

LA BOUCLE DE LA GÉNÉROSITÉ

10 MINUTES
Interconnexion

“ Sourire à quelqu’un que l’on croise dans la rue peut suffire à combler la journée d’une personne. Tout est question de rendre la pareille. ”
Mariska Hargitay

Croyances limitantes	Affirmations positives
Je ne peux pas me permettre de donner.	*Je reçois en donnant.*
Je suis trop occupé pour donner.	*Mon objectif est de partager mes cadeaux.*
Si je donne, je n’aurai plus assez.	*Le bonheur est dans le don.*

▾ En quoi cette méditation peut-elle vous aider ?

En considérant les revenus – ce que l’on reçoit en donnant du temps et en rendant service – comme de l’énergie, il devient plus facile de voir comment les dons financiers peuvent maintenir la circulation de l’énergie de l’argent dans nos vies. Si nous ne donnons pas, l’énergie stagne et il devient plus difficile pour nous de recevoir, et si nous sommes incapables de recevoir des cadeaux, alors nous privons les autres du plaisir d’offrir. Cette méditation permet d’identifier la perception que vous avez du cycle positif de l’argent et du fait de donner et de recevoir.

▾ Étapes

1. Asseyez-vous confortablement et fermez les yeux. Calmez-vous et détendez votre corps en inspirant et en expirant profondément trois fois de suite. À chaque respiration, remplissez complètement vos poumons, puis expirez lentement.
2. Visualisez le mot « offrir ». Quelles pensées et quels sentiments déclenche-t-il ? Définissez-vous ces pensées ou émotions comme étant « positives » ou « négatives » ?
3. Réfléchissez à la dernière fois que vous avez donné de votre temps, de votre énergie ou que vous avez fait un cadeau. Avez-vous reçu quelque chose en retour ? Lorsque vous gagnez de l’argent, vous donnez de votre temps pour fournir quelque chose de valeur à quelqu’un d’autre. Lorsque vous dépensez votre argent, vous

donnez votre argent à quelqu'un d'autre afin de recevoir une chose qui vous intéresse. Incluez-vous ces différents échanges dans votre vision du fait « d'offrir » ?
4. Pensez à un achat récent. Faites une pause et prenez en considération tous les gens qui ont été impliqués pour vous fournir cet objet. Qui a procuré les matières premières ? Qui les a livrées et qui les a assemblées ? Des éléments de la nature ont-ils été utilisés ? Tenez compte de toutes les personnes qui ont travaillé (le réseau des gens interconnectés qui ont donné de leur temps pour rendre votre achat possible est incroyable !).
5. Considérez ensuite comment vous avez pu contribuer à des réseaux de distribution. Quels aspects vous apportent à vous et aux autres le plus de joie ? Identifiez les sensations qui se manifestent dans votre corps.
6. Considérez comment vos actes de générosité s'alignent avec vos valeurs.

L'AMOUR ET LES RELATIONS

Chercher l'amour est dans notre nature. Alors pourquoi est-ce parfois difficile de préserver ce qui est inhérent à l'être humain ? Le paradoxe est qu'une formidable relation avec une autre personne commence par notre relation avec nous-mêmes. Nous ne pouvons attirer le type de personne que nous recherchons qu'une fois que nous sommes à l'aise avec qui nous sommes dans notre chair. Nous devons émettre les mêmes vibrations que cette personne.

Une belle relation, c'est la rencontre de deux êtres qui peuvent s'aimer, s'honorer, s'accepter et se respecter elles-mêmes. Notre travail consiste à nous sentir complets et heureux tels que nous sommes, avec ou sans quelqu'un à nos côtés, puis d'étendre cet amour à l'extérieur de nous.

Dans tout type de relations, la résistance est souvent liée à l'attente d'un résultat quand nous offrons cet amour. Bien qu'il soit impossible de contrôler une autre personne et de la convaincre d'être celle que nous voulons qu'elle soit, nombre de gens passent pourtant toute leur vie à aborder les rapports humains de cette façon. Toute tentative dans cette direction ne pourra que favoriser la colère et le ressentiment chez les deux parties concernées. Il nous faut donc d'abord nous accepter et nous honorer tels que nous sommes, puis offrir le même cadeau aux autres. Vous serez surpris de constater ce que les autres sont prêts à faire pour vous lorsque vous leur témoignez votre acceptation totale, y compris avec tous leurs défauts.

En fin de compte, nouer de beaux liens est un jeu « intérieur » qui débute par éprouver un amour bienveillant pour soi-même. La pleine conscience et la méditation peuvent vous aider à vous regarder dans le miroir et à observer vos pensées, vos sentiments et vos attentes. Fort de la nouvelle perspective obtenue à travers ces méditations, vous serez paré pour entamer une nouvelle relation ou apprécier votre solitude. Vous pourrez alors améliorer une relation existante ou renouer avec quelqu'un dont vous étiez séparé. Dans toutes les situations, le chemin de l'amour commence par une bonne dose de bienveillance, de patience et, par-dessus tout, d'acceptation de vous-même et de ceux qui vous entourent.

L'AMOUR BIENVEILLANT : 1RE PARTIE

15 MINUTES

Interconnexion

“ L'amour et la bonté ne sont jamais perdus. Ils font toujours une différence.”
Helen James

Croyances limitantes	Affirmations positives
Je ne comprends pas l'amour bienveillant.	*En apprendre plus à propos de l'amour bienveillant m'enthousiasme.*
Je n'ai pas le temps de penser à des choses telles que l'amour bienveillant.	*La pratique de l'amour bienveillant peut changer la façon dont je me vois et dont je vois les autres.*
Penser à soi est égoïste.	*Planter les graines d'amour bienveillant m'aidera à m'accepter et à accepter les autres.*

▼ En quoi cette méditation peut-elle vous aider ?

L'amour bienveillant – ou méditation *metta*, mot de la langue pali qui signifie « bienveillance » – émet de l'amour (au sens large du terme et non romantique) et de la bienveillance envers nous-mêmes et les autres. Cette pratique ancienne consiste à vous envoyer à vous-même des pensées empreintes de compassion puis à déplacer ces pensées vers l'extérieur.

▼ Étapes

1. Asseyez-vous confortablement les yeux fermés. Honorez cet acte de compassion que vous vous offrez.
2. Inspirez profondément par le nez et constatez ce que vous ressentez quand l'air entre dans vos narines, emplit vos poumons, y stagne puis ressort dans un souffle chaud par votre nez. Concentrez-vous sur votre respiration, inspirez puis expirez trois fois de suite.
3. Lorsque vous êtes prêt, visualisez quelqu'un que vous aimez beaucoup, quelqu'un du passé ou du présent qui vous aime d'un amour inconditionnel, tel que vous êtes. Visualisez cette personne devant vous, en train de vous sourire et de vous envoyer ses chaleureux sentiments de bonté, d'acceptation, de compassion et d'amour.

Sentez-vous entouré par ces sentiments. Sachez que vous êtes aimé. Inspirez ces sentiments et restez avec eux.

4. Maintenant, donnez-vous les mêmes sentiments d'amour, d'acceptation, de bonté et de compassion. Dites-vous :

◊ Que je sois empreint de bonté.
◊ Que je sois à l'abri des dangers intérieurs et extérieurs.
◊ Que je sois bien dans mon corps et dans mon esprit.
◊ Que je sois bien dans ma peau et heureux.

5. Répétez ces phrases (ou reformulez-les avec des mots qui vous conviennent) au moins dix fois tout en continuant d'éprouver ces sentiments bienfaisants.

6. Observez les pensées et les émotions qui surgissent au cours des différentes étapes de cet exercice. En pratiquant plusieurs fois cette méditation, identifiez comment ces pensées et ces émotions évoluent et se transfèrent de vous-même aux autres.

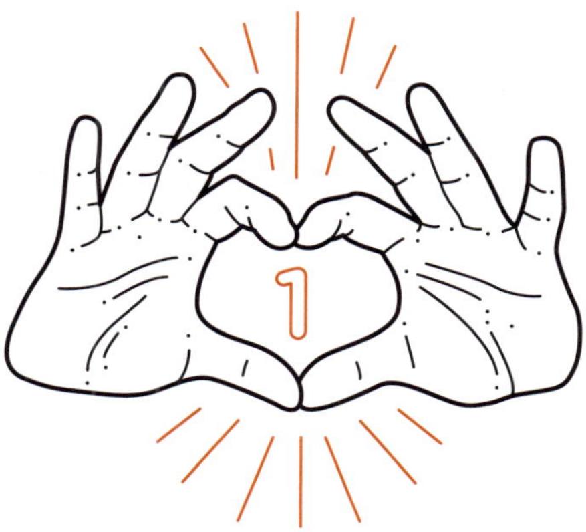

L'AMOUR BIENVEILLANT : 2E PARTIE

15 MINUTES

Interconnexion

▼ Étapes

1. Asseyez-vous confortablement les yeux fermés. Honorez cet acte de compassion que vous vous offrez.

2. Inspirez profondément par le nez et constatez ce que vous ressentez quand l'air entre dans vos narines, emplit vos poumons, y stagne puis ressort dans un souffle chaud par votre nez. Concentrez-vous sur votre respiration, inspirez puis expirez trois fois de suite.

3. Quand vous êtes prêt, visualisez quelqu'un qui vous aime beaucoup. Envoyez-lui vos sentiments d'amour, d'acceptation, de bonté et de compassion. Dites-vous :

◊ Que je sois empreint de bonté.

◊ Que je sois à l'abri des dangers intérieurs et extérieurs.

◊ Que je sois bien dans mon corps et dans mon esprit.

◊ Que je sois bien dans ma peau et heureux.

4. Répétez ces phrases (ou reformulez-les avec des mots qui vous conviennent) au moins dix fois tout en continuant d'envoyer ces sentiments bienfaisants à l'objet de votre attention.

5. Basculez maintenant votre attention sur la personne pour laquelle vous avez des sentiments neutres, comme une simple connaissance, et répétez cette séquence.

6. Basculez votre attention sur une personne avec laquelle vous rencontrez des problèmes et répétez la séquence. Admettez simplement que cette personne a, tout comme vous, des objectifs, des aspirations, des difficultés et des défis.

7. Enfin, basculez votre attention sur un groupe plus large de personnes, mais aussi sur des plantes, des animaux ou même sur la Terre entière. Envoyez-leur de l'amour, de la tolérance et de la compassion, et répétez la séquence.

8. Notez combien cette pratique permet de transmettre vos pensées et vos sentiments aux gens que vous rencontrez et à vous-même.

LES RELATIONS MIROIRS

10 MINUTES

Exercice de pleine conscience

“ Tout ce qui nous irrite chez les autres peut nous aider à mieux nous comprendre.”
Carl Jung

Croyances limitantes	Affirmations positives
Je n'ai pas le temps pour des rendez-vous galants.	*Les relations apportent de la joie et de l'abondance dans ma vie.*
Mieux vaut une relation bancale que pas de relation du tout.	*Je m'estime suffisamment pour ne passer du temps qu'avec des personnes qui m'estiment.*
Les relations consistent à obtenir de l'autre personne ce dont vous avez besoin.	*Dans une relation de respect mutuel, nous pouvons évoluer ensemble et individuellement.*

▼ En quoi cette méditation peut-elle vous aider ?

Plus nous apprenons de nous-mêmes et acceptons ce que nous découvrons, plus nous sommes prêts à nourrir des relations positives. Cette méditation a pour but de faire remonter toutes les croyances que vous pouvez avoir à propos de vous-même et de découvrir la façon dont elles pourraient influencer ou restreindre vos relations. Comprendre ces croyances peut vous aider à rediriger des pensées toxiques de votre subconscient et de vous investir plus naturellement dans des relations d'abondance.

Le but, ici, n'est pas de découvrir ce qu'il faut changer chez l'autre, mais de prendre en considération la façon d'adapter votre comportement ou votre point de vue pour mieux obtenir ce que vous voulez et, sinon, de décider où rediriger votre énergie.

▼ Étapes

1. Trouvez un lieu calme où vous pouvez vous concentrer. Inspirez et expirez profondément plusieurs fois.

2. Visualisez une personne avec qui vous passez beaucoup de temps. Imaginez-la assise à côté de vous. Comment vous sentez-vous à ses côtés ? De quoi aimez-vous parler avec elle ? Le dialogue est-il conflictuel ou au contraire très fluide ? Consignez vos impressions par écrit dans votre cahier.

3. Partagez-vous les mêmes valeurs que cette personne ? Quelles sont les siennes et comment le savez-vous ?

4. Considérez votre énergie. Comment vous sentez-vous lorsque vous êtes en compagnie de cette personne ? Détendu ou dynamisé ? Êtes-vous à l'aise et complètement vous-même ou devez-vous changer quelque chose chez vous ? Lorsque vous êtes ensemble, parvenez-vous à avoir totalement confiance et à respecter cette personne et vous-même ?

5. Pensez maintenant à l'évolution de cette relation. Pourriez-vous apprendre quelque chose l'un de l'autre ? Si la réponse est non, existe-t-il une raison ?

6. En réfléchissant à vos réponses, trouvez-vous quelque chose que vous aimeriez faire différemment afin d'apporter plus d'honnêteté de votre part dans la relation. Il est normal que cet exercice soulève un certain malaise envers la personne que vous visualisez. Essayez d'éviter de juger ses réactions et considérez cette méditation comme une exploration de vous-même à travers ce miroir.

7. Inspirez et expirez trois fois afin de vider votre esprit et de vous recentrer.

DE LA PLACE POUR LA COMPASSION

5 MINUTES

Interconnexion

“ Observer sans évaluer est la plus haute forme de l’intelligence humaine.”
Jiddu Krishnamurtwi

Croyances limitantes	Affirmations positives
Juger est dans la nature humaine.	*Quand je ne juge pas et que je me contente de remarquer, je peux voir les cadeaux que tout un chacun peut offrir.*
Avoir le sens de la critique fait partie de moi.	*Si je dois inventer des histoires à propos des autres, mieux vaut que ce soient de bonnes histoires !*
Je sais juger les gens.	*La vie est plus paisible lorsque je ne m’attache pas à mes jugements.*

▾ En quoi cette méditation peut-elle vous aider ?

L’essence de la pleine conscience est de constater sans juger. Le schéma du non-jugement revient tout simplement à laisser les choses aller naturellement. Se libérer du jugement permet d’acquérir de nouvelles connaissances, de voir le monde avec l’esprit d’un débutant et de développer notre perception de ce qui est possible. S’il semble assez peu réaliste de cesser de juger sur-le-champ, nous pouvons cependant apprendre à reconnaître les schémas catégoriques qui émergent et commencer à réduire notre identification à ces histoires. Cet exercice permet de prendre connaissance de la portée de vos jugements, de vous en libérer et d’accepter votre réalité.

▾ Étapes

1. Accueillez la journée en effectuant cinq respirations profondes pour vider votre esprit.

2. En avançant dans votre journée et en interagissant avec les autres, faites une pause et constatez quelles sont les pensées, les émotions et les histoires qui vous viennent à l’esprit.

3. Au lieu de laisser vos pensées dicter la façon dont vous jugez une personne, contentez-vous de les noter et de qualifier chacune d'elles de « pensée ». Laissez-les aller et venir dans votre esprit.
4. Une fois qu'elles sont passées, voyez si vous pouvez noter quelque chose de nouveau chez cette personne. Quelque chose que vous n'aviez jamais vu jusqu'à présent : la façon dont elle entre en contact avec les autres, sa voix douce et calmante, sa façon délicate de se tenir le visage...
5. Comment vous sentez-vous physiquement lorsque vous vous ouvrez à de nouvelles observations, par rapport à la période où vous étiez attaché aux jugements ? Cette prise de conscience crée-t-elle de l'espace pour d'autres personnes dans votre vie ? Accueillez la place que vous avez faite à la compassion.

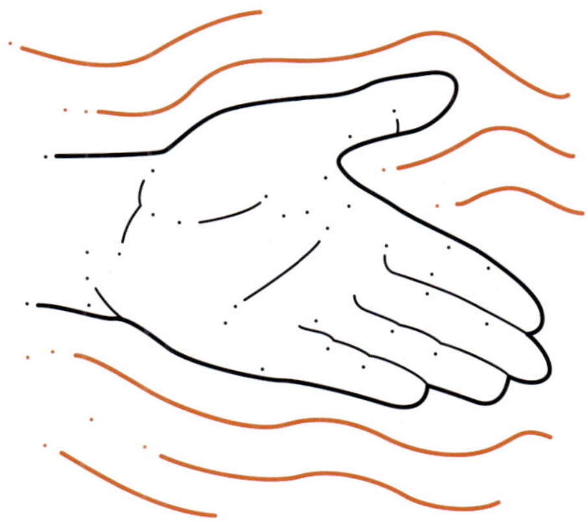

CURIEUSEMENT MOI

10 MINUTES

Exercice de pleine conscience

“ Une grande partie de la vie spirituelle est l’acceptation de soi, peut-être même la totalité. ”
Jack Kornfield

Croyances limitantes	Affirmations positives
Je ne suis pas assez ...	*Je suis assez ....*
Je ne peux pas croire que j’ai encore tout bousillé.	*Ce qui est important, c’est d’apprendre du passé.*
N’importe qui pourrait faire cela mieux que moi.	*Quoi qu’il en soit, je m’accepte.*

▼ En quoi cette méditation peut-elle vous aider ?

L’autocritique est source de nombreuses émotions et de réactions physiques déplaisantes. Nous la pensons être une bonne protection contre le jugement des autres. Cependant, lorsque nous nous jugeons, nous créons des croyances qui commencent à nous limiter et à faire souffrir notre corps et notre esprit. Plus nous jugeons, plus nous nous restreignons. En revanche, plus nous insufflons de la curiosité dans les rouages intérieurs de notre esprit, plus il devient facile d’éprouver de la compassion envers nous-mêmes. Le recours à la pleine conscience permet d’examiner plus objectivement les pensées et les croyances développées à notre encontre et de déterminer si elles sont vraies ou pas. Nous pouvons ensuite être plus ouverts aux interprétations et aux possibilités positives. Cette méditation utilise la pleine conscience pour transformer le jugement en curiosité.

▼ Étapes

1. Trouvez un lieu calme pour vous concentrer et respirez profondément trois fois de suite pour vider votre esprit.

2. Tandis que votre esprit s’apaise, pensez à la dernière fois où vous vous êtes autocritiqué (aucune critique n’est ni trop importante, ni trop insignifiante. Aucune réponse n’est mauvaise dans cet exercice).

3. Que ressentez-vous à l’intérieur de votre corps lorsque vous pensez à ce jugement ? Porteriez-vous le même jugement envers une personne que vous aimez ou envers un jeune enfant ?

4. Comment pourriez-vous reformuler le jugement en une affirmation positive ou en une question qui ne soulève aucune émotion ? Par exemple, au lieu de dire « J'étais dingue de faire ça ! », essayez plutôt « Eh bien, j'ai maintenant davantage d'informations pour essayer quelque chose de différent ».

5. Dans la même situation, que dirait un ami qui vous soutient ? Essayez de vous dire ces mêmes choses. C'est le moment de commencer à entrer en harmonie avec vous-même.

6. Soyez curieux de ce jugement. Que tentait-il d'accomplir ? De quelle croyance provient-il ?

7. Utilisez ce que vous venez d'apprendre pour court-circuiter le cycle émotionnel du jugement et pour créer un dialogue intérieur plus favorable avec vous-même.

L'EFFET DOMINO

5 MINUTES

Interconnexion

« Un seul acte de gentillesse jette des racines dans toutes les directions, et ces racines jaillissent et produisent de nouveaux arbres. »
Amelia Earhart

Croyances limitantes	Affirmations positives
Je réagis simplement à ce que l'on m'a fait.	*Je réponds attentivement à mon entourage.*
On récolte ce que l'on sème.	*Donner est un cercle d'énergie positive.*
Cette personne ne mérite pas que l'on se montre gentil envers elle.	*Tout le monde mérite de la compassion.*

▼ En quoi cette méditation peut-elle vous aider ?

En traversant nos vies au pas de course, nous avons tendance à réagir. Il existe cependant une grande différence entre réagir et répondre. La réaction a lieu lorsque la pensée consciente n'est pas impliquée ; lorsque nos émotions, nos habitudes et nos désirs subconscients dictent notre prochaine initiative. La réponse peut être un véritable défi face à de la méchanceté ou à d'autres comportements non désirés. Il y a cependant des choses que nous pouvons faire pour nous permettre de choisir une réponse en adéquation avec nos valeurs fondamentales. Après tout, lorsque nous réagissons, nous perdons le contact avec notre sentiment d'identité et nous éprouvons souvent, plus tard, de la honte. La compassion face à la colère ou à la douleur de quelqu'un d'autre peut amener à un niveau de conscience plus élevé. Cette méditation peut vous aider à renforcer l'habitude de « répondre » plutôt que de « réagir épidermiquement ».

▼ Étapes

1. Asseyez-vous confortablement avec les mains posées sur les cuisses, paumes vers le haut.

2. Touchez légèrement votre index avec votre pouce. Ressentez l'énergie dans la pointe de vos doigts qui se touchent. Respirez profondément en ressentant l'énergie parcourir vos mains.

3. Pensez à la dernière fois où quelqu'un vous a fait quelque chose de désagréable. Cela peut être quelqu'un qui vous a coupé la route, qui vous a doublé dans la file d'attente au supermarché, qui vous a parlé désagréablement ou qui a mangé la part d'un plat que vous vous étiez réservée.

4. Au lieu de penser à la façon dont vous pourriez riposter ou lui renvoyer un autre type de vibration négative, faites une pause et cherchez une réponse plus réfléchie. Comment pourriez-vous illuminer ou améliorer sa journée ou calmer son stress ? L'effet domino de votre réponse aura des répercussions positives pour vous deux et pour tout votre entourage.

LE POUVOIR DE LA PAUSE

5 MINUTES
Visualisation

“ Rien ne disparaît tant qu'il ne nous a pas appris ce que nous avons besoin de savoir. ”
Pema Chödrön

Croyances limitantes	Affirmations positives
Nous ne cessons de répéter la même dispute.	*Je m'investis pour trouver une solution qui convient à chacun de nous.*
Si je fais une pause, ils vont profiter de moi et prendre la main.	*Je préfère être heureux plutôt qu'avoir raison.*
Cette personne ne veut pas m'écouter. Pourquoi devrais-je l'écouter ?	*Je prête attention à mon partenaire. Il mérite d'être écouté.*

▾ En quoi cette méditation peut-elle vous aider ?

Combien de fois vous êtes-vous trouvé en désaccord avec quelqu'un de proche au point de vous dire « Nous y voici de nouveau » ? Vous aimeriez que les choses soient différentes, mais votre interlocuteur ne veut pas changer. Tous les deux, vous suivez chacune de vos vieilles habitudes, sans d'ailleurs vraiment savoir quelle en est la source. Vous vous sentez probablement piégé.

Dans une telle situation, la pause est votre meilleure alliée. Même si l'autre personne a (de nouveau) appuyé sur le déclencheur, vous n'avez pas à répondre comme vous le faisiez jusqu'ici, au risque de provoquer la même réaction habituelle. Cette méditation vous aide à développer des réponses alternatives plus réfléchies dès qu'un vieux cycle se remet en marche.

▾ Étapes

1. Asseyez-vous dans un lieu paisible et fermez les yeux.

2. En inspirant, insufflez l'air dans votre cœur et ressentez qu'il se transforme en une lumière chaleureuse. En expirant, visualisez cette lumière qui se répand à l'intérieur de votre corps. En continuant de respirer profondément, sentez cette chaleur vous envelopper.

3. Visualisez l'un de vos désaccords récurrents pendant lequel vous répétez le même cycle de réactions, sans parvenir à trouver de solution efficace. Placez-vous au centre de ce désaccord et sentez les émotions qui vous animent.

4. Faites une pause.

5. Effectuez un scan corporel de la tête aux pieds. Inspirez puis expirez cinq fois de suite. Quels sons entendez-vous autour de vous ?

6. Agrandissez l'espace dans votre cage thoracique et visualisez-le se remplir de curiosité. Demandez-vous quel besoin l'autre personne tente d'exprimer.

7. Rappelez-vous de ne formuler aucun jugement et évitez toute tentation de contrôler sa réaction passée. Libérez-vous des jugements que vous pourriez avoir à propos de ses réactions et des vôtres.

8. Essayez de voir la situation d'un œil objectif, comme si vous étiez un observateur extérieur à la discussion. Pouvez-vous formuler ses besoins ainsi que les vôtres ? Pouvez-vous donner la même place à chacun d'eux ?

9. Les jours qui suivent, continuez de remplir votre cage thoracique avec de la curiosité et une lumière chaleureuse, en particulier dans des moments conflictuels.

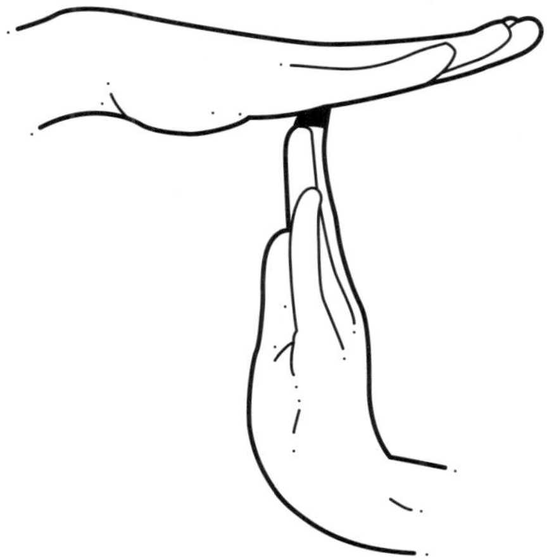

DÉTACHEZ-VOUS DU RÉSULTAT

10 MINUTES

Exercice de pleine conscience

« Essayez d'être un arc-en-ciel dans le nuage de quelqu'un. »
Maya Angelou

Croyances limitantes	Affirmations positives
Je ne donne que si je sais que l'autre personne impliquée dans la relation donne aussi.	*Ce que j'apporte dans la relation est plus important que ce que j'en retire.*
Ce que chaque personne donne dans une relation devrait être équitable.	*Le cadeau est dans le fait de donner.*
Si je donne, l'autre personne prendra tout simplement l'avantage sur moi.	*Je suis libre quand je n'ai plus aucune attente.*

▼ En quoi cette méditation peut-elle vous aider ?

Dans de nombreuses relations, le fait de donner devient une sorte de jeu dans lequel on compte les points et lorsque le score n'est pas égal, du ressentiment naît. Or, chacun perd à ce jeu-là. Presque tout le monde nourrit des croyances profondes sur l'acte de don et ce qu'il implique. Certains ne donnent que s'ils pensent obtenir quelque chose en retour. Certains donnent, mais éprouvent des difficultés à recevoir (ou à demander de l'aide), parce qu'ils ne s'en sentent pas dignes, parce qu'ils sont trop attachés à leur autonomie, ou parce qu'ils hésitent à s'engager dans des dettes ou des obligations relationnelles. Toutes ces croyances sont liées à l'issue que nous attendons après avoir donné.

La pleine conscience peut nous aider à nous détacher du résultat en nous permettant de nous réjouir de l'échange d'énergie positive générée par l'acte de donner. Nous donnons alors pour cette montée d'énergie, en dépit de ce que sera la réponse de l'autre ou de ce que nous recevrons en retour. Cette méditation aide à mieux comprendre nos propres croyances et nos attentes placées dans l'acte de donner. Elle permet d'expérimenter de nouvelles idées.

▼ Étapes

1. Asseyez-vous confortablement dans un lieu calme et placez vos mains sur votre cœur. Sentez votre poitrine se lever et s'abaisser à chaque souffle. Respirez profondément dix fois de suite, tout en vous connectant à la chaleur dans votre cœur.
2. Rappelez-vous la dernière fois que vous avez donné quelque chose (ou accordé une faveur) à quelqu'un. Peut-être avez-vous partagé votre nourriture, ouvert la porte à quelqu'un, fait une course ou préparé une tasse de café pour une relation ?
3. Comment vous sentiez-vous en prenant la décision d'accomplir cet acte ? Comment vous sentiez-vous en le faisant ? Vous souvenez-vous de vos réactions physiques ou des pensées qui vous sont alors venues à l'esprit ? Notez ces sentiments et ces souvenirs.
4. Repensez à la réponse du destinataire. Sa réaction a-t-elle dicté vos sentiments et vos pensées ? Si tel est le cas, pourquoi ? Quelles sensations ont été déclenchées dans votre corps ? Était-ce un sentiment de légèreté ou une tension ? Notez ces sentiments et ces souvenirs.
5. Aviez-vous des attentes dans cette démarche de don ou d'offre ? Si tel est le cas, quelles étaient-elles ? Écrivez-les.
6. La réflexion sur cette interaction permet-elle de clarifier l'une de vos croyances à propos du don ? Si tel est le cas, comment ces croyances influencent-elles vos relations ? Donnez-vous une minute pour écrire votre réponse.

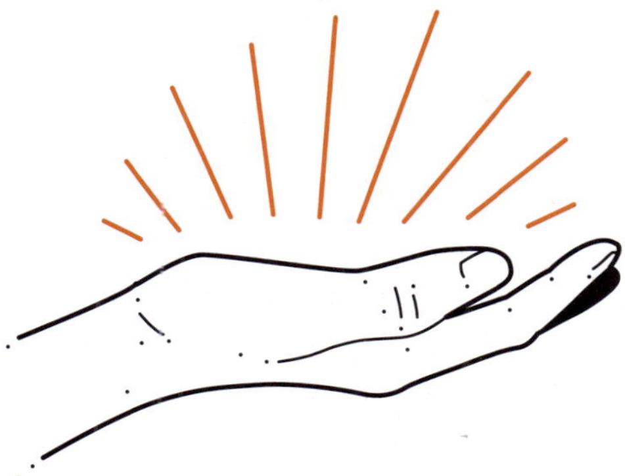

TROUVEZ LE PARDON

10 MINUTES
Visualisation

“ Je crois que le pardon est la meilleure forme d’amour dans une relation. Il faut être fort pour dire que l’on est désolé, et encore plus fort pour pardonner. ”
Yolanda Hadid

Croyances limitantes	Affirmations positives
Si je lui pardonne, je lui lâche la bride.	*Le pardon est un cadeau que j’offre à moi-même.*
Je serais heureux s’il voulait juste être celui que je veux qu’il soit.	*La clé du bonheur dans une relation est le pardon.*
Je ne pourrai jamais pardonner un tel acte.	*Le pardon ne change pas ce qui s’est produit dans le passé. Il me permet de m’en libérer pour le futur.*

▼ En quoi cette méditation peut-elle vous aider ?

En tant qu’êtres humains, nous faisons du mieux que nous pouvons et utilisons les informations que nous avons sur le moment. En effet, quand les autres nous blessent, nous inventons des histoires pour justifier leur comportement. En mettant des mots sur les personnes et sur leurs actes, nous nourrissons de la rancune et nous traînons avec nous les émotions négatives que leurs actions ont déclenchées. Le pardon est difficile et il est souvent le fruit d’un long cheminement. Or, jusqu’à ce que nous parvenions à pardonner – quel que soit le degré d’importance de l’acte – nous portons, dans notre cœur, le poids des actions des autres.

La même chose peut se produire lorsque nous blessons quelqu’un d’autre. Nous reconnaissons intérieurement nos torts, mais nous nous sentons trop embarrassés pour présenter nos excuses. Nous nous en voulons pour ce que nous avons fait et portons en nous ces sentiments. En pareil cas, nous pardonner peut être un véritable défi. Cette méditation permet de dénouer les histoires que vous vous racontez à propos de la transgression – la vôtre ou celle des autres – et de commencer à ouvrir votre cœur au pardon. Elle fonctionne en imaginant une autre personne ou vous-même comme centre névralgique du pardon.

▼ Étapes

1. Asseyez-vous confortablement et fermez les yeux. Portez attention à votre respiration. Prenez conscience de la manière dont elle emplit votre corps.
2. Visualisez un proche que vous aimeriez pardonner. Voyez-le clairement dans votre esprit.
3. Notez les pensées et les sentiments qui jaillissent alors que vous pensez à lui. Faites une pause, afin de prendre de la distance avec vos pensées et de faire de la place pour les émotions qui continuent de surgir.
4. Faites du mieux que vous pouvez pour vous libérer de toute tentative d'explication de son comportement et de tout jugement sur votre rôle. Que cela vous fait-il de considérer objectivement cette personne comme quelqu'un que vous ne pouvez pas changer. Que cela vous fait-il de créer de l'espace entre vous et ses actes ?
5. Lorsque vous êtes prêt, commencez à laisser le pardon s'infiltrer dans cet espace. En utilisant le nom de la personne, dites : « Je te pardonne, X. Je te pardonne pour ce que tu as fait, que cela ait été intentionnel ou non. »
6. Répétez ces affirmations cinq fois de suite.
7. Effectuez dix respirations profondes en inspirant sur quatre temps et en expirant sur huit temps, afin de libérer toutes les pensées et les émotions désagréables.
8. Ouvrez votre cœur et envoyez-vous de l'amour pour cet acte de pardon courageux.
9. Constatez comment vous vous sentez après cette libération.

FAITES DE LA PLACE POUR L'AMOUR

15 MINUTES

Exercice de pleine conscience

« La paix vient de l'intérieur, ne la cherchez pas à l'extérieur. »
Bouddha

Croyances limitantes	Affirmations positives
J'ai besoin de quelqu'un d'autre pour me rendre heureux.	*L'amour-propre est la base de l'abondance.*
Tous les gens ne veulent-ils pas la même chose dans une relation ?	*Être déterminé, mais néanmoins souple, me permettra de trouver le bon partenaire.*
Je ne peux pas le changer.	*Je mérite l'amour que je reçois.*

▼ En quoi cette méditation peut-elle vous aider ?

La clé de la loi de l'attraction est de visualiser en détail ce que vous voulez manifester et de ressentir ce que cela fait d'exister dans cet espace. Comme nous l'avons découvert dans les méditations précédentes, nous devons définir précisément ce que nous cherchons, afin que notre subconscient et notre intuition nous y mènent. Dans cette méditation, nous allons placer notre attention sur nos relations. En définissant ce que nous attendons d'une relation (et en clarifiant ce que nous ne voulons pas), nous commençons à mieux nous comprendre. Ainsi, nous constatons comment nous contribuons à nos relations. À travers le prisme de la pleine conscience, nous parvenons à voir comment créer la relation que nous souhaitons.

▼ Étapes

1. Trouvez un lieu calme où vous pouvez vous concentrer. Fermez les yeux et effectuez cinq respirations profondes pour vider votre esprit.
2. Focalisez votre attention sur votre cœur. Sentez-le se gonfler d'amour. Ressentez la chaleur qui se répand dans votre corps et qui emplit la pièce.
3. Respirez profondément trois fois, tout en accueillant cette chaleur.
4. En continuant d'observer ces sensations, visualisez votre relation idéale. Lorsque vous êtes avec votre partenaire idéal, comment vous sentez-vous ? Quelles pensées et émotions surgissent ? Que ressentez-vous dans votre corps ? Prenez des notes.

5. Sans prendre en compte les caractéristiques physiques, réfléchissez à quoi ressemble l'énergie de votre partenaire. Comment vous parle-t-il ? Qu'appréciez-vous de faire à ses côtés ? De quoi parlez-vous et que partagez-vous ? Prenez des notes.

6. Surtout, quelles sont ses valeurs ? Comment les exprime-t-il ? En quoi s'harmonisent-elles avec les vôtres ? Prenez des notes.

7. Visualisez cette personne enveloppée dans la chaleur et dans la lumière d'amour que vous avez créées. Imaginez-vous l'acceptant complètement, même lorsque vous apprenez ses imperfections.

8. Retenez dans votre cœur les sentiments générés par votre interaction avec votre partenaire, et respirez cinq fois profondément pour vider votre esprit.

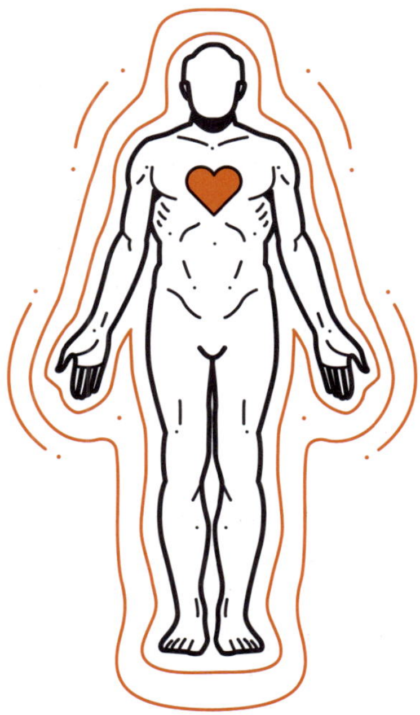

PRATIQUEZ LA PATIENCE

2 MINUTES

Interconnexion

“ Chaque vie est faite d’erreurs et d’apprentissages, d’attentes et de progressions, de patience et de persévérance. ”
Billy Graham

Croyances limitantes	Affirmations positives
Je ne suis pas une personne patiente.	*La patience me permet d’apprendre et de comprendre.*
Je n’ai pas le temps d’être patient.	*La patience me permet d’agir avec compassion.*
Les choses se résolvent toutes seules.	*La patience fait de moi une personne plus forte.*

▼ En quoi cette méditation peut-elle vous aider ?

La patience est un don qui ne peut se pratiquer que lorsque tout se passe comme nous le souhaitons. Nous devons profiter des occasions stimulantes que nous rencontrons pour la pratiquer. Nous pouvons alors transformer des situations frustrantes en opportunités pour ralentir et remarquer des détails que, généralement, nous ne voyons pas. Cette méditation permet de modérer les battements de votre cœur, lorsqu’un événement attendu survient, et de vous faire passer du besoin de contrôler à la pratique de la patience. Pour de meilleurs résultats, lisez l’exercice et essayez de le mémoriser. Vous l’aurez ainsi à disposition à tout moment.

▼ Étapes

1. La prochaine fois que vous vous trouvez en train d’attendre, impatient, fermez les yeux. Inspirez profondément et retenez l’air inspiré pendant trois longues secondes.
2. Expirez par le nez sur huit temps, jusqu’à ressentir le vide dans votre ventre et tenez pendant deux secondes.
3. Répétez l’exercice.
4. Ouvrez les yeux et regardez autour de vous. Si vous êtes entouré de gens, observez les expressions de leurs visages. Attardez-vous sur ceux qui ressentent de la joie. Notez le temps, la température et les sensations sur votre visage. Si vous êtes

à l'intérieur, regardez les objets présents sur la table ou sur les murs que vous n'aviez pas vus jusqu'ici. Est-ce que quelque chose vous rappelle de bons souvenirs ?

5. Remarquez les nouvelles sensations positives dans votre corps. Après l'exercice de respiration, votre fréquence cardiaque s'est-elle calmée ?

6. Notez toutes les pensées et toutes les émotions qui vous traversent l'esprit et la façon dont elles se transforment, tandis que vous passez de l'état d'impatience à celui de pleine conscience.

7. Prenez une nouvelle respiration profonde afin de vider votre esprit et de ressentir les bénéfices de cet exercice.

FAITES UN COMPLIMENT

1 MINUTE

Interconnexion

“ Vous devez vous aimer ou bien vous ne serez jamais capable d’accepter des compliments de quelqu’un d’autre. ”
Dean Wareham

Croyances limitantes	Affirmations positives
Les gens pensent que j’essaie d’obtenir quelque chose lorsque je les complimente.	*Faire un compliment honnête et ne rien attendre en retour est un merveilleux acte de bienveillance.*
Je ne trouve rien pour complimenter cette personne.	*Toute personne a quelque chose de magnifique en elle.*
Quel est le but de faire un compliment ?	*La joie du compliment réside dans le fait de donner.*

▼ En quoi cette méditation peut-elle vous aider ?

Nous nous sentons bien lorsque nous recevons des compliments, mais pourquoi ? Des recherches en neurosciences ont démontré que le fait de recevoir un compliment sincère active des zones de notre cerveau qui sont responsables de la prise de décision et des comportements liés à la récompense. Cela libère également la dopamine que l’on associe à la motivation, à la concentration et à la positivité. Au-delà de leurs effets neuropsychologiques, les compliments sont aussi bénéfiques à la personne qui fait le compliment qu’à celle qui les reçoit.
Bien qu’il y ait certainement des limites quant au moment opportun d’entrer dans l’espace personnel de quelqu’un avec des mots aimables, l’instant venu, cette méditation peut vous aider à ralentir, à remarquer les gens autour de vous, et à leur offrir respectueusement ces mots avec toute votre bienveillance.

▼ Étapes

1. Remarquez les gens qui croisent votre chemin au cours de la journée.
2. Lorsque cela est possible (et sans risque), regarde-les dans les yeux, souriez-leur et dites-leur « Bonjour ». Vous pouvez alors recevoir en réponse un regard inquiet

ou bien être salué à votre tour d'un « Bonjour ! » La clé, ici, est de comprendre que la réponse de l'autre ne compte pas.

3. Faites une pause et inspirez profondément pour vous ancrer et vous recentrer avant de faire un compliment.

4. Si vous remarquez qu'une personne mérite un compliment sincère, dites-le-lui. Une fois encore, vous ne cherchez pas ici de réponse gentille. Vous faites seulement cadeau de ce compliment.

5. Assurez-vous d'adopter ces principes aussi bien avec de nouvelles connaissances qu'avec des proches. Si les gens que vous aimez n'ont pas l'habitude de recevoir des compliments de votre part, ils seront agréablement surpris.

6. À la fin de la journée, asseyez-vous confortablement, fermez les yeux et respirez profondément plusieurs fois.

7. Repensez à cette expérience de reconnaître les autres et à la façon dont elle a pu transformer vos sentiments envers vous-même et votre énergie envers les autres. On ne sait jamais. L'une de ces interactions pourrait mener à une relation profonde et durable.

L'ÉCOUTE ATTENTIVE

5 MINUTES

Interconnexion

« Cherchez d'abord à comprendre, ensuite à être compris. »
Steven R. Covey

Croyances limitantes	Affirmations positives
Je n'obtiendrai pas une bonne réponse si je n'y pense pas pendant que mon interlocuteur est en train de parler.	*J'apprends autant en écoutant qu'en parlant.*
J'essaie juste de me faire entendre.	*Nous voulons tous simplement être entendus.*
Pourquoi les écouterais-je s'ils ne m'écoutent pas ?	*Ralentir pour écouter vraiment signifie à mon interlocuteur combien il compte pour moi.*

▼ En quoi cette méditation peut-elle vous aider ?

La « pause éloquente » – ce blanc dans une conversation lorsque personne ne dit plus rien – peut mettre mal à l'aise. Pour l'éviter, beaucoup de gens remplissent le vide en exprimant leurs opinions ou leurs idées. Nous sommes souvent plus intéressés par la réaffirmation de nos points de vue que par le fait d'en apprendre plus de l'autre. En pareil cas, il n'y a aucune véritable connexion, et chacune des parties se sent incomprise à la fin. Toutefois, lorsque chacun accueille la pause, la place est laissée à la réflexion et à une meilleure compréhension, avec pour conséquence de changer l'issue de la conversation. Dans cet exercice, nous allons expérimenter l'écoute attentive (ou active). En permettant à l'autre de se sentir écouté, vous ouvrez la voie à une connexion plus profonde et à un meilleur engagement réciproque.

En commençant cet exercice, vous pouvez utiliser un minuteur pour accorder à chaque personne un temps de parole équivalent : cela peut imposer une écoute pleinement consciente.

▼ Étapes

1. La prochaine fois que vous avez une conversation avec votre partenaire ou avec un proche, concentrez toute votre attention sur cette personne. Éloignez votre téléphone et toute autre source de distraction. Respirez plusieurs fois profondément afin de vider votre esprit et d'être pleinement présent.

2. Regardez dans les yeux la personne à qui vous parlez. Outre le fait d'écouter ce qu'elle vous dit, voyez si vous pouvez saisir son état émotionnel.

3. Alors qu'elle parle, notez les pensées et les émotions qui vous viennent à l'esprit. Êtes-vous déjà en train de formuler une réponse ? De juger ce qu'elle dit ? Est-ce que ce qu'elle dit déclenche un certain type d'émotion chez vous ?

4. Dès que vous remarquez la survenue d'une pensée, utilisez ce signal pour recentrer votre attention sur ce que dit votre interlocuteur. Essayez de comprendre vraiment ce qu'il essaie de communiquer.

5. Au lieu de parler au moment où vous le feriez normalement, adoptez plutôt une pause : inspirez profondément par le nez, puis expirez lentement par la bouche. Utilisez cet intervalle pour écouter activement. Lorsque votre interlocuteur cesse de parler, attardez-vous plus longtemps que d'habitude.

6. Une fois que vous êtes certain que l'autre a fini de parler, réfléchissez sur ce que vous avez entendu pour vous assurer que vous avez compris ses besoins. Posez des questions pour obtenir des explications. Demandez-lui s'il a eu le sentiment que vous aviez été un auditeur actif.

7. Pratiquez cette écoute attentive aussi souvent que possible et voyez de quelle façon elle change vos relations.

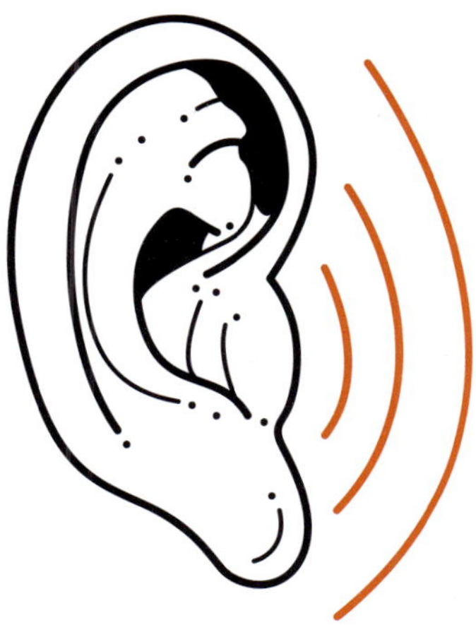

LA PAROLE ATTENTIVE

5 MINUTES

Interconnexion

“ Les petites choses ? Les petits moments ? Ils ne sont pas petits. ”
Jon Kabat-Zinn

Croyances limitantes	Affirmations positives
Tout le monde devrait comprendre ce que je dis.	*Il est important que je comprenne mon auditoire avant de parler.*
Je ne laisse jamais la place à l'interprétation.	*Tout le monde entend les mêmes mots de façon unique.*
Ils savent de quoi je parle.	*Faire une pause pour considérer comment mes mots et mon langage corporel pourraient être interprétés est essentiel pour être compris.*

▼ En quoi cette méditation peut-elle vous aider ?

Il est important de rappeler que, tous autant que nous sommes, nous voyons et entendons le monde au travers du filtre de nos propres croyances, de nos expériences passées et de notre état émotionnel du moment. Aussi tout le monde gagne-t-il à marquer une pause et à considérer de quelle façon nous pouvons livrer efficacement notre message pour que notre interlocuteur perçoive correctement notre intention. Cet exercice utilise la pleine conscience pour communiquer plus efficacement.

▼ Étapes

1. Réservez un créneau horaire pour parler à la personne qui vous est chère. Concentrez-vous sur ce rendez-vous.
2. Laissez tout d'abord parler l'autre personne et soyez pleinement présent. Éloignez votre téléphone et toute autre source de distraction. Soyez simplement là pour elle.
3. Écoutez les mots qu'elle vous livre. Observez son langage corporel. Notez son état émotionnel et énergétique. Communique-t-elle plus que ce que ces mots disent ?

4. Lorsque vient votre tour de parler, avant de répondre, assurez-vous que vous avez bien entendu et correctement compris ce que votre interlocuteur vous disait, en lui renvoyant ce que vous avez compris.

5. Après avoir reçu cette confirmation, recentrez-vous en respirant profondément.

6. Faites une pause pour envisager avec attention la façon la plus efficace pour transmettre ce que vous voulez dire, selon l'état actuel de votre interlocuteur. Prenez en considération vos mots, le ton de votre voix, votre langage corporel et votre environnement. Mettez-vous au défi de voir combien vous pouvez apporter de soutien en délivrant ce message.

7. Après avoir parlé, contentez-vous d'observer la réponse de votre interlocuteur, sans réagir. Est-ce que ses mots, le ton de sa voix et son langage corporel expriment qu'il vous a compris ? Est-ce que votre message a modifié son état émotionnel ? Si tel est le cas, est-ce qu'il a changé dans le sens que vous le souhaitiez ou pas ?

8. Après la conversation, prenez des notes. Votre interlocuteur semble-t-il plus réceptif à vos messages ? Quelles sensations ressentez-vous dans votre corps ? Quelles émotions éprouvez-vous ? Comment pouvez-vous utiliser ce que vous avez appris pour que les deux parties se sentent comprises lors de vos futures conversations ?

CONCLUSION

La première partie de cette aventure a consisté à prendre conscience que la loi de l'attraction ne cesse jamais. Maintenant, vous l'avez compris. L'étape suivante a été de vous investir dans le travail de la pleine conscience, en examinant les schémas et les comportements qui dictent votre présent et votre futur.

D'après mon expérience, le seul moyen efficace pour poursuivre cette évolution est d'exprimer quotidiennement sa gratitude. Vous pouvez y parvenir grâce à des méditations telles que celles qui vous sont proposées ou à un rituel alternatif vous permettant de vous ancrer dans l'instant présent. Écrire chaque jour au moins trois choses pour lesquelles vous êtes reconnaissant, ressentir cette gratitude – et sans répéter ce que vous avez écrit les jours précédents – contribue à reprogrammer votre cerveau (merci à la plasticité cérébrale !) pour vous concentrer sur l'abondance dans votre vie et pour en attirer davantage.

Méditer tous les jours sur votre liste de gratitude vous aide à renforcer les vibrations positives. De plus, en sachant que vous allez écrire votre liste de gratitude chaque jour à la même heure, vous activez votre subconscient et êtes toujours à l'affût de ce que vous allez écrire la prochaine fois. Tout au long de la journée, vous chercherez quel nouvel élément ajouter. C'est également un antidote puissant contre la dépression et l'anxiété.

Comme pour toute nouvelle pratique, commencez modestement et progressez lentement. Engagez-vous à pratiquer ces exercices quotidiennement. Les changements ne seront peut-être pas notables tout de suite, mais ils le deviendront avec le temps. Dans un futur proche, vous pourrez vous poser et réfléchir sur tout le chemin parcouru. L'Univers prendra alors le relais.

LECTURES COMPLÉMENTAIRES

BIBLIOGRAPHIE

Pleine conscience

Hoff, Benjamin.
Le Tao de Winnie. Éd. Synchronique, 2017.

Kabat-Zinn, Jon.
Où tu vas, tu es. Éd. Lattès, 2012.

Nhat Hanh, Thich.
Being Peace. Berkeley, CA : Parallax Press, 1996.

Loi de l'attraction

Arntz, William, Betsy Chasse et Mark Vicente.
Que sait-on vraiment de la réalité ? Éd. Ariane publications, 2007.

Byrne, Rhonda.
Le Secret. Éd. Un monde différent, 2008.

Gallagher, Victoria.
Practical law of attraction : align yourself with the manifesting conditions and successfully attract your desires. Deerfield Beach, FL : Health Communications Inc, 2007.

Santé

Chopra, Deepak.
Reinventing the Body, Resurrecting the Soul : How to Create a New You. New York : Harmony, 2010.

Lipton, Bruce H.
Biologie des croyances : comment affranchir la puissance de la conscience, de la matière et des miracles.
Éd. Ariane publications, 2016.

Lipton, Bruce H. et Steve Bhaerman.
Évolution spontanée : comment participer au changement de notre espèce ? Éd. J'ai lu, 2016.

Pert, Candace B.
Molecules of emotion : the science behind mind-body medicine. New York : Touchstone, CA : 1999.

Argent et abondance

Dominguez, Joe, et Vicki Robin.
Votre vie ou votre argent ? 2e édition. Éd. Poche, 2005.

Franklin, Bryan and Michael Ellsberg.
The last safe investment : spending now to increase your true wealth forever. New York : Portfolio/Penguin, 2016.

Tessler, Bari.
The art of money : a life-changing guide to financial happiness. Berkeley, CA : Parallax Press, 2016.

Amour et relations

Davenport, Barrie.
201 Relationship questions: the couple's guide to building trust and emotional intimacy. Publication à compte d'auteur, 2015.

Hendricks, Gay.
Learning to love yourself. Publication à compte d'auteur, 2011.

Richo, David.
Être adulte en amour – Savoir ce que l'on veut, être bienveillant. Éd. Payot, 2011.

Walser, Robyn D. and Darrah Westrup.
The mindful couple : how acceptance and mindfulness can lead you to the love you want. Oakland, CA : New Harbinger Publications, Inc., 2009.

INDEX

À PROPOS DE L'AUTEURE

Paige Oldham s'est longtemps définie comme cadre financier du monde des affaires des États-Unis d'Amérique. Elle comprend que nous devons trouver des moyens plus efficaces pour atteindre notre vision du bonheur et du succès. Les méthodes traditionnelles ne fonctionnent plus pour nous et chaque jour nous sommes davantage stressés et de moins en moins heureux.

Elle suit désormais son cœur et communique sa joie d'épouse, de mère, d'auteure, d'experte en pleine conscience et de yogi dans les montagnes de la région de Colorado Springs, dans le Colorado. En nourrissant la positivité grâce à la pratique de la pleine conscience, elle vit la vie dont elle avait toujours rêvé.

Vous pouvez découvrir ses travaux et publications sur le site SimpleMindfulness.com.

MES NOTES PERSONNELLES

MES NOTES PERSONNELLES

MES NOTES PERSONNELLES

MES NOTES PERSONNELLES